开放经济研究

【2018年　总第1卷】

【第一期】

张建武　丁开杰　肖奎喜　主编

广东外语外贸大学经济贸易学院　主办

中国社会科学出版社

图书在版编目（CIP）数据

开放经济研究. 第一期/张建武，丁开杰，肖奎喜主编. —北京：中国社会科学出版社，2018.8

ISBN 978 - 7 - 5203 - 2811 - 1

Ⅰ.①开… Ⅱ.①张…②丁…③肖… Ⅲ.①中国经济—开放经济—研究 Ⅳ.①F12

中国版本图书馆 CIP 数据核字（2018）第 161060 号

出 版 人	赵剑英
责任编辑	王 衡
责任校对	王 森
责任印制	王 超

出 版	中国社会科学出版社
社 址	北京鼓楼西大街甲 158 号
邮 编	100720
网 址	http：//www.csspw.cn
发 行 部	010 - 84083685
门 市 部	010 - 84029450
经 销	新华书店及其他书店
印 刷	北京明恒达印务有限公司
装 订	廊坊市广阳区广增装订厂
版 次	2018 年 8 月第 1 版
印 次	2018 年 8 月第 1 次印刷
开 本	710×1000 1/16
印 张	10
插 页	2
字 数	156 千字
定 价	46.00 元

凡购买中国社会科学出版社图书，如有质量问题请与本社营销中心联系调换
电话：010 - 84083683
版权所有　侵权必究

序

  1978年中国实行改革开放，历经40年，在社会、经济、文化、教育等领域中取得了举世瞩目的成就，中国也由传统的农业国迈进了现代化的工业化国家之列。在这个过程中，开放极大地促进了生产力的发展，中国由此成为世界第二大经济体。社会生产力的发展，更加巩固了我们的上层建筑，更加让我们坚信我们所走的中国特色社会主义道路的正确和中国共产党的英明伟大。

  中国的对外开放顺应了全球化的历史发展趋势。在对外开放的过程中，我们在坚持公有制经济为主体的原则下，充分发挥市场经济在资源配置和竞争方面的作用，在产业结构优化调整、区域经济协调发展、金融资本市场的有效调控、人力资源的开发利用等实践方面创造了自己的经验，贡献了"中国智慧"，丰富了现代经济学的理论与政策。为中国特色的社会主义经济理论提供了鲜活的研究素材。

  但是，从人类的历史上来看，并不是所有的开放都会带来繁荣，也有一些国家和地区因为过度开放而未能如期发展，在开放中迷失了目标，经济甚至倒退了。国际金融危机后，世界经济处在缓慢复苏状态，中国经济进入了平稳发展的新常态，党的十九大报告指出要构建全面开放新格局。然而，在我们建立开放型经济新体制的过程中，面临的外部环境更加严峻，当前逆全球化的思潮甚嚣尘上，对我们的开放造成了很大的冲击，有必要进行全方位的研究和探讨。因此，我们创立了《开放经济研究》一刊，意在对开放经济进行理论上的研究和实践经验的总结，让开放更好地促进经济的发展与繁荣，让开放能在更大程度上解放生产力，实现全面小康，和中华民族的伟大复兴。

目　　录

中日 GDP 核算方法的比较及启示 ………………… 戴艳娟　李　洁(1)

中蒙俄贸易和产业的协调机制和政策研究
　　——基于产业互补和产业替代的视角 … 张建武　薛继亮　李　楠(26)

生产性服务进口对提升中国制造业国际分工
　　地位的影响 ………………………………………… 王　胜　王　俊(43)

中国高技术产业技术创新效率的区域差别比较研究
　　——基于三阶段 DEA 模型的实证分析 ………… 肖奎喜　王瑞良(64)

粤港澳大湾区创新绩效的空间效应研究 …………… 徐芳燕　林靖雯(87)

汇率波动对中国进口价格弹性的影响
　　——基于贸易开放和产业升级的视角 … 田云华　王凌峰　王　乐(108)

京津冀对内开放的协同研究 … 马金秋　赵秋运　孙博文　叶堂林(129)

中日 GDP 核算方法的比较及启示

戴艳娟[①] 李 洁[②]

摘 要：国内生产总值（GDP）是经过高度加工的统计，虽然它依据国际标准的国民经济核算体系（SNA）进行统计，但由于各个国家现存的统计基础和统计制度不同，事实上 GDP 的核算方法在各国间存在很大差异。日本拥有非常雄厚翔实的基础统计调查，年度国民经济核算从流量到存量都编制得非常全面完整。日本年度 GDP 核算对投入产出统计（U 表和 V 表）的依赖性很强，其中，支出法 GDP 是标准值，最受各界重视。日本的季度 GDP 核算仅核算支出法 GDP 及部分分配项目，是发达国家当中唯一未进行生产法 GDP 核算的国家。本文通过对中日两国 GDP 核算方法及基础统计数据的考察，尝试对两国 GDP 核算的整体特点进行较全面的描述，对中国今后 GDP 核算的进一步完善提供参考。

关键词：国内生产总值；投入产出核算；生产法 GDP；支出法 GDP

国内生产总值（GDP）核算是国民经济核算体系（System of National Accounts，SNA）的重要组成部分，是反映一国经济发展水平的核心指标，同时也是各国进行经济规模比较的重要指标之一。GDP 是经过

---

① 广东外语外贸大学经济贸易学院教授。
② 日本埼玉大学人文社会科学研究生。

高度加工的统计，虽然产生并依据国际标准SNA，但由于各个国家现存的统计基础和统计制度各自不同，事实上GDP的核算方法在各个国家之间都存在很大差异，不同国家的GDP核算存在各自不同的特点。

中国原有的国民经济核算体系采用的是苏联、东欧等国在计划经济时期实行的物质生产领域为中心的物质产品平衡表体系（A System of Material Product Balances，MPS），随着中国由计划经济体制向社会主义市场经济体制转移，国家统计局于1985年建立了SNA体系的年度GDP生产核算，1993年以取消MPS体系的国民收入为标志，中国国民经济核算体系完成了由MPS向SNA为基础的统计体系转换。日本是统计制度较完善，统计工作非常细致的发达国家之一，1953年开始采用美国式国民收入核算体系，1966年正式实施1953年SNA核算体系，直到1978年完全转换为1968年SNA体系，完成了1968年SNA体系中所包括的国内生产总值核算、投入产出核算、资金流量核算、国际收支核算、资产负债核算五大核算，2000年依据1993年SNA核算体系进行核算，2016年正式采用了2008年SNA体系。

日本建立了完善的数据收集体系，而且较早开展国民经济核算工作，是SNA统计的先进国家，而中国由于历史原因，统计调查的基础较为薄弱，经过较长时间努力才由MPS统计体系过渡为SNA体系，中日两国GDP统计基础差异大，核算方法必然存在较大差异。本文通过对中日两国国内生产总值核算的估算方法及基础统计数据的考察，尝试较全面地描述中日两国GDP核算方法的整体特点，以帮助了解及客观评价两国GDP核算体系。中日的GDP统计均由年度GDP统计和季度GDP统计组成。本文首先以年度GDP统计为核心，考察了以投入产出统计为基础，最大限度重视三方等价的日本GDP的核算方法和同时采用生产收入法和支出法的中国GDP的核算方法，然后对反映一国经济发展形势和动态的季度GDP的中日核算方法进行比较。

一 中日年度 GDP 核算方法的比较

(一) 日本年度 GDP 核算

1. 日本国民经济核算的历史

日本的国民收入核算具有较长历史,由政府主导的国民收入的估算可以追溯到日本内阁统计局 1928 年估算的 1925 年国民收入的测算,之后,1930 年开始为核算国民收入进行实地调查,并用于估算 1930 年和 1935 年的国民收入(奥本佳伸,1997)。第二次世界大战后的 1947 年设立国民收入调查室,完成了个人收入、国民分配收入及国民总支出等核算,扩大了核算范围。1952 年经济审议厅下设置国民收入科室开始每年估算并公布国民收入报告。在没有国民经济核算世界标准的 SNA 体系之前,日本依据当时美国的国民收入核算准则进行核算,为后来实施 SNA 打下了良好基础(内阁府经济社会综合研究所,2016)。

以国民收入统计为核心的最初的 SNA 体系于 1953 年公布,日本的国民经济调查委员会和国民经济计算审议会在 1959—1964 年进行了详尽的讨论和审议,在 1966 年 4 月开始采用 1953 年 SNA 体系标准的国民经济核算体系并对外公布推算结果。1968 年,包括国内生产总值核算、投入产出核算、资金流量核算、国际收支核算以及资产负债核算五大核算的新 SNA 体系公布后,日本于 1970 年设立国民经济核算委员会,通过 3 年的准备,1974 年设置国民经济调查会议,1978 年正式采用 1968 SNA 体系,完成了由旧的国民收入核算向 1968 年 SNA 体系的转换。日本季度 GDP 核算是 1959 年开始进行,直至 1971 年开始对外公布推算结果。

1993 年 SNA 修改方案公布后,日本相关机构积极响应,2000 年依据 1993 年 SNA 核算体系进行核算。2008 年 SNA 公布后,日本在长时间的准备和筹划后,2016 年正式采用 2008 年 SNA 体系。日本属于较早采用 SNA 体系进行国民经济核算的国家之一,可以说是统计基础较好,制度完善,同时是 SNA 统计的先进国家之一。

2. 日本年度 GDP 核算方法

SNA 体系是经过一套通过账户形式概括和描述宏观经济总量水平及其数量关系的核算系统，以 GDP 为核心指标，对整体经济活动进行核算的体系。采用 1968 年 SNA 体系以来，投入产出统计作为平衡生产法与支出法 GDP 的手段，成为其重要的组成部分。

投入产出分析表的历史可以追溯到 1936 年列昂惕夫编制的投入产出表，第一张政府层面的投入产出表是美国劳动统计局（BLS）编制的 1939 年美国投入产出表，BLS 用此表进行就业预测分析，1944 年美国的战时生产计划部也利用此表进行当时的经济预测，预测结果与之后实际经济状况高度吻合，因此在各国迅速普及。

第二次世界大战后日本政府认识到投入产出表对经济政策的重要作用，经济审议厅（后来的经济计划厅、现在的内阁府）、通商产业省（现在的经济产业省）分别以 1951 年为对象编制了日本最初的投入产出表。1955 年之后，相关的各级政府机构共同合作，每隔 5 年编制一张投入产出表。具体是由包括内阁府在内的 10 个中央及地方政府机构共同作业，最终由日本总务省的统计局完成最终数据的整理编制。内阁府负责编制的以 GDP 为中心指标的国民经济核算体系，在每 5 年的投入产出表编制完成之后，修改原有标准，作为日本 GDP 核算新的标准。

投入产出表的基本表是商品×商品表，可以核算所有产品（包括国内生产以及进口产品）的活动，从纵向，可以观察各商品生产时所需要的各种原材料及服务的投入；从横向，可以观察各商品的用途。投入产出表的分类以产品的基本活动为原则，忽略所产生的副产品，主要以把握产品×产品的投入与产出结构为目的，因此称作投入产出表。另一方面，国民经济核算是记录各单位及企业的活动，生产核算的产业分类是按照企业、事业单位、机关和私人生产经营活动的性质进行分类，因此，投入产出表和国民经济核算中的生产核算之间在基本结构方面存在差异。

在日本，为了将投入产出表的产品×产品的投入与产出结构转换为生产核算，在"产品技术一定的假定（假设同一种产品具有相同的投入结构)"和"产业技术一定假定(假设产业部门所生产的产品和服务只有一种)"的前提下,从投入产出表(产品×产品表)和它的附带表的 V 表(按经济活动分类的产品和服务的产出表,即使用表)推导出 U 表(按经济活动分类的产品和服务的投入表,即供给表)[1]。将附带表 V 表得到各产业(经济活动)产出额,扣除从 U 表中得到的各产业中间投入金额,估算出各产业 GDP(增加值)。另外,商品流量法是日本核算年度 GDP 时通常使用的方法,就是将投入产出表的行向进行重新组合,维持生产方与支出的两方等价,估算出各项需求部门的金额,具体方法是,假定利润率以及分配率一定,从生产者价格的供给(产出+进口)估算出各项消费者价格的需求金额(中间消费+最终消费+总资本形成+出口)。另外,将以上各产业增加值按照比例分配到劳动者报酬、固定资本损耗、生产税、补助金等各项目,余值作为营业盈余(法人企业)或者混合收入(个体户)。

对没有编制投入产出表的年份进行生产核算时,U 表采用估算的延长表,V 表则每年重新编制。具体做法是将推算年的 U 表作为基本表,使用工业统计调查资料以及各种财务报表等估算出 U 表的延长表。在支出核算中,参考"家计调查"中数据的变化趋势,利用商品流量法估算的民间消费支出作为最终居民消费支出;资本形成总额也同样采用估算的金额,具体方法是根据商品流量法估算出机械等设备投资,以建筑商品流量法为基础,利用各种建筑业方面的统计资料估算住宅投资等[2]。

理论上无论采用何种方法核算 GDP,结果应当保持一致。但是在实际统计过程中,由于统计数据或多或少都存在误差,分别从支出和生产方面进行估算时,结果存在一定差异。由于日本是由各地方政府的统计

---

[1] SNA 体系中,是首先编制 V 表和 U 表,然后在产业技术假定或商品技术假定的前提下,从 V 表和 U 表间接推导出产品×产品的投入产出表,但日本是直接编制基本流量表。

[2] 作间逸雄编:《SNAがわかる経済統計学》,有斐閣 2003 年版及日本内阁府网页《SNA 推计手法解说书(2007 年改訂版)》,http://www.esri.cao.go.jp/jp/sna/data/reference1/h12/sna_kaisetsu.html。

机构基于各自的行政需求分别进行统计调查及数据收集工作，属于分散型的统计制度，有可能存在各统计之间口径不同的问题。但整体来看，各地方统计机构调查并收集整理了大量的需求和供给的统计数据，进行GDP核算时可利用的基础统计资料远比中国丰富。在获取了大量基础数据的基础上，每年进行投入产出统计的整理工作，可以实现1968年SNA所提倡的以投入产出表为基础，使用工业统计、物流统计等反映产品流向的方法进行估算，并且将支出法和生产法GDP之间的差值率控制在最小范围内[①]。

日本内阁府每年公布的国民经济核算年鉴厚达500页以上，既有反映日本整体宏观经济状况的生产、分配、支出及资本储蓄等流量数据，也有体现资产及负债等存量数据。其中，综合核算的第1张表《国内生产总值核算（生产及支出）》中的支出系列的总值《国内生产总值（支出法）》[②]为基础表，与增加值核算法计算的各产业合计的差额作为"统计的误差"项单列在《国内生产总值（生产法）》中，因此，日本以支出法为GDP的标准值，可以说是重视支出法[③]的核算。

表1是日本支出法GDP（最终消费、资本形成、出口等支出项合计）和生产法GDP（各产业增加值合计）之间的差值率，数据显示支

[①] 近年由于技术革新产生的经济结构的迅速变化导致以往的推算方法已不适应新的环境。特别是以商品流量法为中心由供给向需求进行分配所采用的各种商品的分配比率，经常需要依照各类资料进行调整。另外，每年需要对流通的路径进行讨论。随着服务业的迅速发展，劳动派遣公司的劳动形态有多样化发展的趋势，"对企业服务业"更加复杂，因此需要迅速调整对应企业的范围。另外，也有意见指出商品流量法不适用于电子货币决算的普及所增加的相关服务业。

[②] 日本原称为国内总支出（GDE）。2006年由内阁府改为现有名称。

[③] 日本重视支出法GDP的原因可能是在转换为SNA体系之前的国民所得（NI）统计时代遗留的传统习惯。笔者认为主要是日本"家计调查"以及"法人季报"等需求方面的统计数据较为丰富的缘故，根据负责相关统计核算的人员解释，日本社会对支出法GDP的需求也相对较多。以上两种解释互为因果，同时都可能是导致日本更加重视支出法GDP的原因。

表1　日本支出法GDP与生产法GDP及差值率

单位:10亿日元,%

年份	a. 支出法GDP 2000年基准·93SNA·GDP不含FISIM	b. 生产法GDP 2000年基准·93SNA·GDP不含FISIM	差值率% (a−b)/a	a. 支出法GDP 2005年基准·93SNA·GDP包含FISIM	b. 生产法GDP 2005年基准·93SNA·GDP包含FISIM	差值率% (a−b)/a	a. 支出法GDP 2011年基准·98SNA·GDP包含FISIM	b. 生产法GDP 2011年基准·98SNA·GDP包含FISIM	差值率% (a−b)/a
2015							530545	528797	0.33
2014				486939	487428	−0.10	513698	512927	0.15
2013				479084	479081	0.00	503176	503358	−0.04
2012				475332	475731	−0.08	494957	494946	0.00
2011				471579	471905	−0.07	491409	491462	−0.01
2010				482677	481028	0.34	500354	501085	−0.15
2009	470937	462425	1.81	471139	469295	0.39	489501	490593	−0.22
2008	504378	496851	1.49	501209	499245	0.39	520716	522035	−0.25
2007	515520	509174	1.23	512975	511816	0.23	531688	533762	−0.39
2006	507365	503227	0.82	506687	505715	0.19	526880	529039	−0.41
2005	501734	499832	0.38	503903	502517	0.28	524133	527113	−0.57
2004	498328	493502	0.97	503725	500461	0.65	520965	522084	−0.21
2003	490294	487187	0.63	498855	495760	0.62	515401	516722	−0.26
2002	491312	487484	0.78	499147	496420	0.55	515986	516787	−0.16
2001	497720	492156	1.12	505543	501307	0.84	523005	521142	0.36

续表

年份	a. 支出法 GDP 2000年基准·93SNA·GDP 不含 FISIM	b. 生产法 GDP	差值率% (a-b)/a	a. 支出法 GDP 2005年基准·93SNA·GDP 包含 FISIM	b. 生产法 GDP	差值率% (a-b)/a	a. 支出法 GDP 2011年基准·98SNA·GDP 包含 FISIM	b. 生产法 GDP	差值率% (a-b)/a
2000	502990	500368	0.52	509860	508734	0.22	526706	527871	-0.22
1999	497629	496523	0.22	504903	504928	0.00	519652	522004	-0.45
1998	504905	502160	0.54	512439	509477	0.58	527877	528412	-0.10
1997	515644	511086	0.88	523198	518011	0.99	534143	533738	0.08
1996	505012	501840	0.63	511935	507321	0.90	525807	523818	0.38
1995	495166	490668	0.91	501707	496336	1.07	512542	509751	0.54
1994	488450	485889	0.52	495743	491801	0.80	501538	500814	0.14
1993	483712	482686	0.21						
1992	480783	480131	0.14						
1991	469422	469162	0.06						
1990	442781	439465	0.75						
1989	410122	406761	0.82						
1988	380743	379557	0.31						
1987	354170	353893	0.08						
1986	340560	338657	0.56						

续表

年份	a. 支出法 GDP	b. 生产法 GDP	差值率% (a−b)/a	a. 支出法 GDP	b. 生产法 GDP	差值率% (a−b)/a	a. 支出法 GDP	b. 生产法 GDP	差值率% (a−b)/a
	2000年基准·93SNA·GDP不含FISIM			2005年基准·93SNA·GDP包含FISIM			2011年基准·98SNA·GDP包含FISIM		
1985	325402	324173	0.38						
1984	302975	303893	−0.30						
1983	285058	286010	−0.33						
1982	274087	275306	−0.45						
1981	261068	262513	−0.55						
1980	242839	244739	−0.78						

注：FISIM是间接估算的金融中介服务。

资料来源：内阁府《国民经济计算年报平成27年版》(2011基准)、《国民经济计算年报平成26年版》(2005基准)和《国民经济计算年报平成23年版》(2000基准)。

出法与生产法的 GDP 非常接近。以 2005 年为基准年的 2001 年 GDP 差值率超过 1% 以外,其他均在 1% 以下;另外,除了 2011 年、2012 年和 2014 年 3 个年份以外,支出法 GDP 均大于生产法 GDP;而以 2011 年为基准年的 GDP 差值率均低于 1%,且大部分年份的支出法 GDP 小于生产法 GDP。

综上所述,日本采用的是分散型统计制度,各地方政府采集了大量的基础统计数据,在丰富的基础数据之上,每年进行投入产出统计。因此,日本年度 GDP 核算可以实现以投入产出表为基础进行的 GDP 核算,可以说,日本 GDP 统计依赖于投入产出统计(U 表和 V 表),并通过投入产出表将支出法 GDP 和生产法 GDP 的差值率控制在最小范围内。日本在生产法、分配法和支出法三项 GDP 的估算值中,最重视支出法 GDP,将支出法 GDP 作为标准值。

二 中国的 GDP 核算

与依赖于投入产出统计来进行 GDP 核算的日本不同,中国受传统的统计报表制度的影响,并受限于基础统计数据,无法进行年度投入产出统计。因此,GDP 核算采用的是利用生产法和收入法对增加值进行核算,或者是对各项最终使用进行核算的两种方法并不依靠投入产出统计。

与一向重视需求方面的日本 GDP 统计不同,中国的国民经济核算以 MPS 体系为出发点,一直传承以生产为中心进行统计的习惯,因此,最初的 GDP 核算仅采用生产法和收入法对增加值进行核算。虽然中国只核算生产法 GDP 的原因是受限于现存的统计报表制度,但是也符合当时宏观经济分析及政策制定的需求,改革开放初期的中国需求非常旺盛,而供给严重不足,当时的社会更关注供给方面的数据。虽然之后的社会状况发生了改变,GDP 核算也增加了支出法核算,但生产法 GDP 仍然作为中国的 GDP 标准值,中国的经济增长率也是以生产法 GDP 进行估算。

中国最初的 GDP 核算是通过对 MPS 体系指标进行再加工得到的[①]，1993 年放弃 MPS 体系后，改为由基础数据直接核算 GDP。为了规范核算方法，1995 年开始，国家统计局国民经济核算司依次发布了《中国年度国内生产总值计算方法》《中国季度国内生产总值计算方法》以及《中国国内生产总值核算手册》。第一次经济普查（以下简称经普）之后，经常性的抽样调查成为数据收集的重要手段，很大程度上丰富了 GDP 核算所需要的基础数据，在新的形势下，2006 年国家统计局发布了《非经济普查年度国内生产总值的核算方法（试行方案）》，2008 年正式推出《非经济普查年度国内生产总值的核算方法》。以下内容是根据上述文献，整理考察了经普后中国 GDP 的核算方法。

（一）根据生产法及收入法对各产业增加值的估算

各产业 GDP（增加值）的估算方法，（1）从生产角度估算，即，将产出扣除中间投入得到的差值，（2）从分配角度估算，即，将增加值的各个分配项目，如劳动者报酬、固定资本损耗、生产税净额、营业盈余等进行加总。前者属于生产法，后者属于收入法。第一次经普之前，采用生产法或收入法核算出各产业增加值后进行加总。具体核算公式如下：

生产法：各产业增加值 = 各产业总产出 – 各产业中间投入

收入法：各产业增加值 = 劳动者报酬 + 生产税净额 + 固定资本折旧 + 营业盈余

这里的"劳动者报酬"指从业人员从事生产活动所获取的现金及实物，其中，公费医疗、交通补贴、社会保险及住房公积金等企业的负担部分也包含在内。关于"劳动者报酬"的概念，在不同时期定义略有不同。经普前，个体经营者被当作劳动者，获取的收益包含在劳动者

[①] 物质生产部门是由纯生产额减去非物质部门的服务的投入后，加上固定资本损耗得到的推算值。非物质生产部门是根据政府的决算资料、税收资料、工资数据以及就业人员统计资料等推算出增加值。

报酬当中,是日本的"生产者报酬"和"混合收入"合并的概念。在《非年度国内生产总值的核算方法》的手册中,对1993年SNA所规定的"混合收入"的部分划入"营业盈余"①,除农林水产业以外,"劳动者报酬"等于"雇佣者报酬"的概念。对于农林水产业,包括国有及集团的所有农场获得的收益一起并入"劳动者报酬",并未作为"营业盈余"部分的收入。

"生产税净额"是生产税扣除生产补贴的差额。生产税是生产者从事生产活动时所缴纳的各种税额,或者说是对生产中使用固定资产、土地、劳动等生产要素所征收的税金,包含销售税、增值税、营业税、印花税、房地产税及车船使用税等。生产补贴是为了干预生产及价格水平,政府给予的各种转移支付,包括政策性补贴和价格补贴等。

"固定资本折旧"是生产过程中所消耗的固定资本的价值,可以说是虚拟值的计算。企业及自负盈亏的事业单位的固定资本损耗采用的是企业核算固定资本使用年限后,预计每年消耗的固定资本的金额,而政府机构、政府财政覆盖的事业单位及自购住宅等固定资本损耗则采用统一规定的折旧率和固定资本的购买价格估算资本损耗的虚拟值。

营业盈余是从增加值中扣除上述的劳动者报酬及生产税净额及固定资本损耗等所得到的差额。收入法估算各产业 GDP 时,以经普的相关资料及针对编制投入产出数据进行调查的相关数据为基础,根据产出(或者增加值)估算出各产业的营业盈余率,最终估算出营业盈余。

经普后,首先对所有产业分别进行生产法和收入法核算,对一定规模以上的企业和规模以下企业使用不同标准。对于一定规模以上的企业②,进行全国估算时,采用的是生产法与收入法估算值的算术平均值,但是进行地区 GDP 估算时,生产法核算的增加值占 0.75,收入法

---

① 即1968年SNA概念的"营业盈余"。
② 规模以上企业指主营业务收入在500万元以上的法人工业企业。

的核算值占 0.25。对一定规模以下企业①，采用收入法的核算值。农林水产业采用生产法的核算值，建设业及第三产业采用收入法的核算值。

（二）支出法 GDP 的核算

国家统计局从 1989 年开始，首先在内部进行实验性估算，1993 年起正式开始核算支出法 GDP。与日本采用的商品流量法不同，中国是对各支出项目分别进行估算。

正式公布的"国内生产总值"是指由生产法和收入法核算的增加值，而对支出项目的核算，使用"支出法国内生产总值"的方式进行公示。早期支出法 GDP 仅公布"最终消费支出""资本形成总额"和"商品和服务的净出口"三个项目。第一次经普之后，开始公布更加详细的各支出项目的数据。

"最终消费支出"分为"家庭消费支出"和"政府消费支出"②。由于中国的农村和城市消费习惯不同，又将"家庭消费支出"分为"城镇居民"消费和"农村居民"消费，这些消费项目分别有食品、衣着、居住、自来水、电力和天然气、家庭设备用品及其服务、医疗保健、交通和通信、教育文化娱乐用品及服务、金融服务、保险及其他消费支出等 10 个项目③。"政府消费支出"包含非营利团体的消费，由各种决算资料进行估算。最新的国民收入核算体系中将原有包含在"政府消费支出"的非营利团体消费中的为住户服务的非营利机构消费支出剥离出来，单独设置，而且增加了实际最终消费，将实际最终消费分为"居民实际最终消费""政府实际最终消费"和"为住户服务非营利机构实际最终消费"（许宪春，2016）。

---

① 规模以上企业指主营业务收入在 500 万元以上的法人工业企业。
② 在日本"对家庭民间非营利团体最终消费支出"部分包括在"民间最终消费支出"项，而中国包含在"政府消费支出"项。
③ 推算手册中还包含公费医疗、自有住宅、现金支付等项目，但未公开相关统计数据。

表2　中国生产法GDP与支出法GDP及差值率

单位:亿元

年份	a. 生产法GDP	b. 支出法GDP	差值率% (b-a)/a	a. 生产法GDP	b. 支出法GDP	差值率% (b-a)/a	a. 生产法GDP	b. 支出法GDP	差值率% (b-a)/a	a. 生产法GDP	b. 支出法GDP	差值率% (b-a)/a
	《中国统计年鉴2016》			《中国统计年鉴2015》			《中国统计年鉴2014》			《中国统计年鉴2005》		
2015	685506	696594	1.62									
2014	643974	647182	0.50	636139	640697	0.72						
2013	595244	596963	0.29	588019	589737	0.29	568845	586673	3.13			
2012	540367	540989	0.12	534123	534745	0.12	519470	529399	1.91			
2011	489301	486038	-0.67	484124	480861	-0.67	473104	472619	-0.10			
2010	413030	410708	-0.56	408903	406581	-0.57	401513	402816	0.32			
2009	349081	349883	0.23	345629	346431	0.23	340903	348775	2.31			
2008	319516	319936	0.13	316752	317172	0.13	314045	315975	0.61			
2007	270232	271699	0.54	268019	269486	0.55	265810	266599	0.30			
2006	219439	221207	0.81	217657	219425	0.81	216314	222713	2.96			
2005	187319	189190	1.00	185896	187767	1.01	184937	187423	1.34			
2004	161840	162742	0.56	160714	161616	0.56	159878	160957	0.67	136876	142394	4.03
2003	137422	138315	0.65	136565	137457	0.65	135823	136613	0.58	117390	121730	3.70
2002	121717	122292	0.47	121002	121577	0.48	120333	120476	0.12	105172	107898	2.59
2001	110863	111250	0.35	110270	110657	0.35	109655	109028	-0.57	97315	98593	1.31
2000	100280	100577	0.30	99776	100073	0.30	99215	98749	-0.47	89468	89341	-0.14

续表

年份	a. 生产法 GDP	b. 支出法 GDP	差值率% (b−a)/a	a. 生产法 GDP	b. 支出法 GDP	差值率% (b−a)/a	a. 生产法 GDP	b. 支出法 GDP	差值率% (b−a)/a	a. 生产法 GDP	b. 支出法 GDP	差值率% (b−a)/a
	《中国统计年鉴 2016》			《中国统计年鉴 2015》			《中国统计年鉴 2014》			《中国统计年鉴 2005》		
1999	90564	90824	0.29	90188	90447	0.29	89677	91125	1.61	82067	82673	0.74
1998	85196	85486	0.34	84884	85175	0.34	84402	86532	2.52	78345	79003	0.84
1997	79715	80025	0.39	79430	79739	0.39	78973	81659	3.40	74463	74894	0.58
1996	71814	72102	0.40	71572	71861	0.40	71177	74164	4.20	67885	68330	0.66
1995	61340	61539	0.32	61130	61329	0.33	60794	63217	3.99	58478	58511	0.06
1994	48674	48823	0.31	48460	48645	0.38	48198	50217	4.19	46759	46691	−0.15
1993	35673	35900	0.64	35524	35751	0.64	35334	36938	4.54	34634	34501	−0.39
1992	27195	27334	0.51	27068	27208	0.52	26923	27565	2.38	26638	25864	−2.91
1991	22006	22124	0.54	21896	22014	0.54	21781	22577	3.65	21618	21280	−1.56
1990	18873	19067	1.03	18774	18968	1.03	18668	19348	3.64	18548	18320	−1.23
1989	17180	17360	1.05	17090	17270	1.05	16992	17311	1.88	16909	16466	−2.62
1988	15180	15332	1.00	15101	15253	1.01	15043	15389	2.30	14928	14704	−1.50
1987	12175	12294	0.98	12102	12222	0.99	12059	12277	1.81	11963	11785	−1.49
1986	10376	10474	0.94	10309	10406	0.95	10275	10509	2.27	10202	10133	−0.68
1985	9099	9180	0.89	9040	9122	0.90	9016	9077	0.67	8964	8792	−1.92
1984	7279	7346	0.93	7226	7294	0.93	7208	7363	2.15	7171	7164	−0.09

续表

| 年份 | 《中国统计年鉴2016》 ||| 《中国统计年鉴2015》 ||| 《中国统计年鉴2014》 ||| 《中国统计年鉴2005》 |||
	a. 生产法 GDP	b. 支出法 GDP	差值率% (b−a)/a	a. 生产法 GDP	b. 支出法 GDP	差值率% (b−a)/a	a. 生产法 GDP	b. 支出法 GDP	差值率% (b−a)/a	a. 生产法 GDP	b. 支出法 GDP	差值率% (b−a)/a
1983	6021	6079	0.96	5976	6033	0.97	5963	6216	4.25	5935	6076	2.39
1982	5373	5426	0.98	5333	5386	0.99	5323	5590	5.01	5295	5489	3.67
1981	4936	4957	0.43	4898	4920	0.44	4892	5009	2.40	4862	4901	0.80
1980	4588	4575	−0.27	4552	4539	−0.27	4546	4593	1.04	4518	4551	0.74
1979	4101	4078	−0.55	4068	4045	−0.55	4063	4093	0.74	4038	4074	0.89
1978	3679	3634	−1.22	3650	3606	−1.22	3645	3606	−1.09	3624	3606	−0.51

注:①《中国统计年鉴2005》的数据是普查之前的数据。
②《中国统计年鉴2014》的数据是第三次经普实施之前的数据。2004年度（即2004年）国内生产总值数据是根据第三次经普数据，并利用趋势离差法，得到新的历史数据趋势值，重新计算了经普年度了经普年度2008年国内生产总值，并利用趋势离差法，修订了2008年之前的历史数据。2004年是第一次经济普查年度，并按照《经济普查年度GDP核算方案》的要求，重新计算《GDP核算方案》的要求，重新计算2008年数据基础上计算出来的数据。后的2008年数据基础上计算出来的数据。
③《中国统计年鉴2015》的数据是第三次经普实施之后的数据。2013年是第三次经普查年度，按照《中国第三次经普查年度国内生产总值核算方法》的要求，重新计算了经普年度2013年国内生产总值，并利用趋势离差法，修订了1952—2012年国内生产总值历史数据，2015年公布的GDP是修订后的数据。
④《中国统计年鉴2016》的数据是国家统计局改革研发支出核算方法之后的数据。2016年核算GDP时，将能够为所有带有经济利益的研发支出不再作为中间消耗，而是作为固定资本形成处理。2016年公布的数据是根据最新的核算方法修订的1952—2015年国内生产总值的数据。

资料来源：《中国统计年鉴2005》《中国统计年鉴2014》《中国统计年鉴2015》《中国统计年鉴2016》。

"资本形成总额"由"固定资本形成总额"和"库存增加"两个项目组成。"固定资本形成总额"中包括有形固定资本形成和无形固定资本形成。其中，无形资本形成中包括埋藏矿产量的勘探、开发计算机软件获得减处置的净额[①]，依据最新的国民收入核算体系，增加了贵重物品的获得减处置的分类，并且依照 2008 年 SNA 的原则将固定资本形成分为住宅、其他建筑和构筑物、机器和设备、培育性生物资源、知识产权产品、非生产资产所有权转移费、其他 7 个类别，而且，在知识产权产品中列入了研发支出的类别（许宪春，2016）。"存货增加"是市场价格衡量的存货量的增减、由各产业相关的会计资料估算的值。具体是利用价格指数将初期存货金额换算为末期存货金额之后，减去初期存货价值的差额，再扣除当前由于价格变动而产生的持有收益获得最终的存货变动。

"货物及服务的净出口"未公布进口与出口的金额，仅用出口与进口的差额表示。净出口的数据来自国际收支统计，利用年平均汇率将美元转换为人民币表示的金额，进口及出口的具体金额及各项目的具体数值可由国际收支的数据中获取。

表 2 是中国实施经普及改变核算方法前后的生产法与支出法 GDP以及二者之间的差值率。从表 2 可以看到，第一次经普后的 2004 年GDP 上调 16.8%，第二次经普后的 2008 年 GDP 上调 4.45%，第三次经普后的 2013 年 GDP 上调 3.37%。生产法与支出法 GDP 的差值率在第二次经普后大幅缩小。依据《中国统计年鉴 2014》，经普之前两者之间的差值率普遍大于 1%，有的年份高达 5% 以上，只有 2002 年及 2007年附近的差值率较小。虽然中国没有进行每年的投入产出统计，但是近年改变了原有的推算方法，有可能采用投入产出方法对生产法与支出法GDP 进行了调整。由《中国统计年鉴 2015》及《中国统计年鉴 2016》

[①] 1993 年 SNA 中，设置了贵重物品增加项作为新的生产资产，其中包含贵金属及宝石、古董品及其他艺术品等。上述贵重品并不用于生产及消费，主要是作为价值的储存手段所保有的资产。这样的资产的纯流量，即贵重品获得减处置是无形资产形成的项目之一。

公布的数据发现，大部分年份的差值率控制在1%以内，说明在第三次经普之后，重视通过投入产出数据的作用，对数据进行调整，缩小了生产法与支出法 GDP 的差异。

三 中日年度 GDP 核算过程的差异及差值率的比较

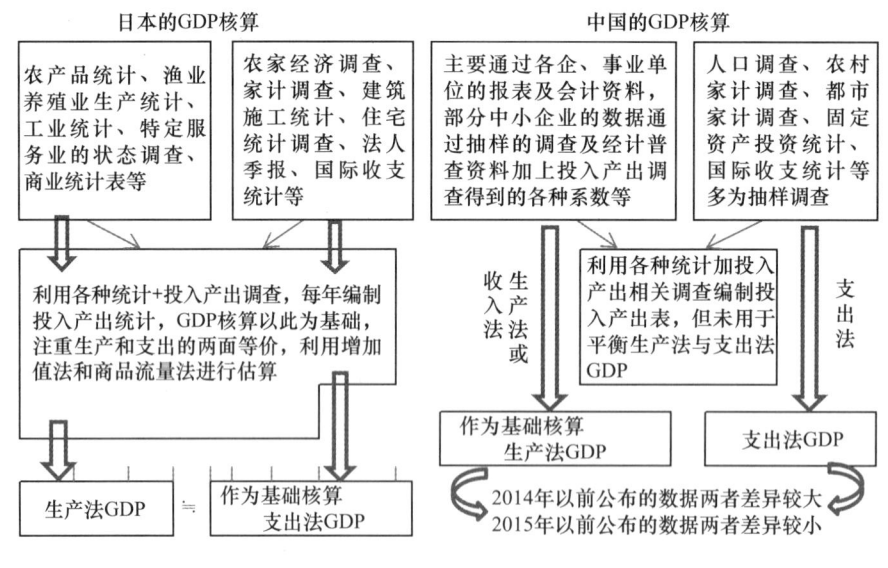

图 1 中日 GDP 核算过程的差异

图 1 归纳了中日 GDP 核算过程的差异。日本 GDP 核算中生产法 GDP 采用增加值法，支出法 GDP 采用商品流量法，两者之间的差值通过投入产出统计的平衡过滤作用进行了调整。中国早期的 GDP 核算，由于没有使用投入产出统计进行平衡调整，而是使用各种统计直接估算，从而导致生产法与支出法 GDP 的差值率较大，根据表 2 的数值可知，2014 年之后国家统计局根据第三次经普数据并在方法上进行了调整，差值率大幅缩小。

中日 GDP 核算方法的比较及启示 / 19

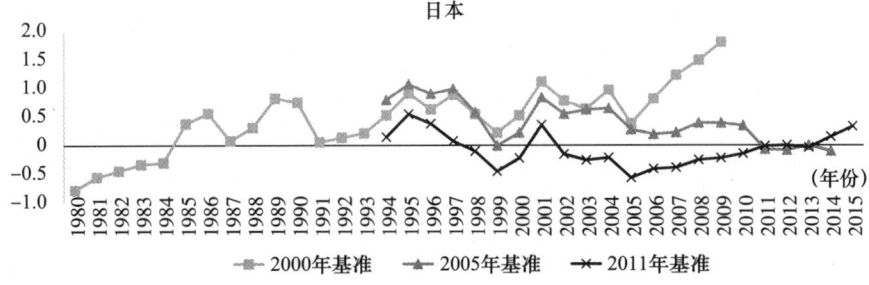

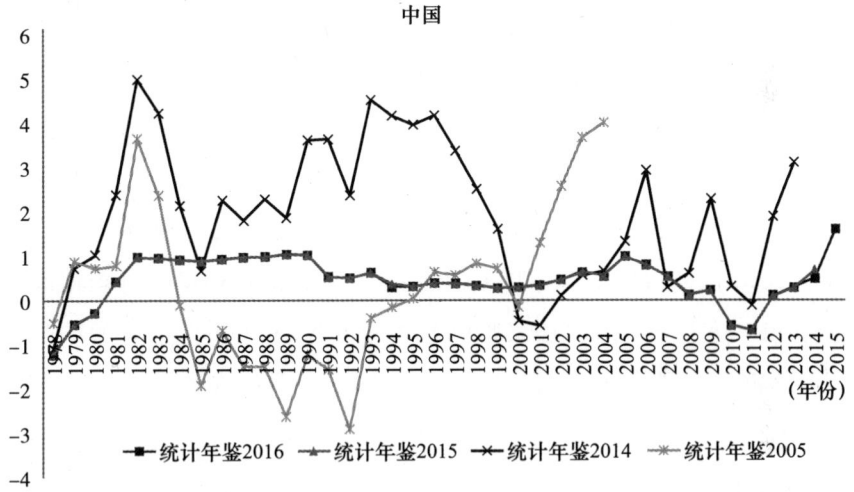

图 2 中日生产法 GDP 与支出法 GDP 差值率推移的比较

注：日本的差值率由下式计算：（支出法 GDP – 生产法 GDP）÷作为基准的支出法 GDP。中国的差值率由下式计算：（支出法 GDP – 生产法 GDP）÷作为基准的生产法 GDP。

资料来源：日本 2000 年基准（1980—2009 年）数据由内阁府《国民经济年报平成 23 年版》，2005 年基准（1994—2014 年）由内阁府《国民经济计算年报平成 26 年版》，2011 年基准（1994—2015 年）由内阁府《国民经济计算年报平成 27 年版》算出。中国数据分别由《中国统计年鉴 2005》《中国统计年鉴 2014》《中国统计年鉴 2015》和《中国统计年鉴 2016》年算出。

图 2 显示了中日两国生产法与支出法 GDP 估算值之间差值率的推移。日本除核算基准改变前的最后几年之外，差值率基本控制在 1% 以内。2000 年与 2005 年标准的支出法 GDP 普遍高于支出法 GDP，但是

2011 标准重新估算的支出法 GDP 在大部分年份低于生产法 GDP。而中国的差值率在 2014 年以前存在较大差异，且无明显规律，但是第三次经普之后，即 2015 年公布的修正后数据，差值率明显缩小，大多数年份控制在 1% 以内，2016 年按照新的国民经济核算标准进行核算的两者之间的差值率进一步缩小，除了最新公布的 2015 年以外，基本在 1% 以下。总体来看，支出法普遍略高于生产法 GDP。

四 中日季度 GDP 核算的比较

季度 GDP（Quarterly Estimates，QE）可以及时反映一国国民经济的发展趋势，是判断经济景气最基础的资料，为短期宏观经济分析及政策提案提供数据支撑，因此，各国都非常重视 QE 的发布速度。

1990 年以前日本的"季度 GDP 速报"在基础年份的统计数据的基础上，以"家计调查""四半期别法人企业统计（法人企业的季度统计）"等需求方面的统计资料为中心进行延长估算，在季度结束后的 70 日左右公开估算结果。1999 年开始改为季后 45 天发布关于支出系列及劳动者报酬方面的"第 1 次速报"，即初步核算值，加快了公布的速度，但是，由于第 1 次速报未能使用"季度法人企业统计"等基础数据，只能够利用上一期的数据进行估算，虽然速度提升，但是缺乏精确度。在"季度法人企业统计"等相关数据公布后，将原有关于民间企业设备投资及库存变动等估值改为实值，在季后 70 天左右公布的"第 2 次速报"是进一步核实的数据，提供了更真实可信的数据。2002 年开始，随着供给侧统计资料的不断丰富，QE 从原来以需求方面数据为中心进行估算变为综合利用需求和供给统计进行估算。供给侧的数据有"生产动态统计调查"以及"特定服务产业动态统计调查"等资料，并采用与年度估算所使用的商品流量法接近的估算方法。2004 年，需求方面统计资料除原来的"家计调查"以外，增加了"家计消费状况调查"等资料，力求估算出更加精确的 QE（野木森稔，2011；山本龍平，2011）。

日本现在仅估算支出法 QE 和部分分配项目，这是由于对四个季度的 U 表进行延长估算存在很多困难所致。在 G7 各国中只有日本还未公布生产法和分配法的季度数据。2001 年在供给数据不断完善的背景下，日本内阁府开始探讨增加生产法及收入法 QE 的估算，在三方等价原则的基础上建立季度国民经济核算体系（Quarterly National Account，QNA）的方案。2014 年内阁府经济社会研究所针对生产方面 QE 估算的方法及发布时间等进行了具体讨论（吉沢裕典等，2014）。

中国从 1992 年开始 QE 核算，由于基础统计数据限制，早期的季度核算是采用生产累计核算方法，未进行当季 GDP 核算。与日本相反，中国仅仅估算生产法 QE（许宪春，2006）。自 2015 年第三季度开始，中国改变 QE 的核算方法，直接利用当季基础数据分季核算。QE 核算主要采用增加值率法①和相关价值量指标外推法②进行估算。基础数据的获取主要通过以下几种方式：（1）直接通过联网直报方式获得的规模以上企业数据；（2）通过抽样调查方式取得的小微企业③统计数据和价格调查数据；（3）通过有关部门获取行政记录加工整理的统计数据和有关统计调查数据④。

为了保证 QE 的时效性，国家统计局通常在季度结束两周后，以国家统计局国民经济运行情况新闻发布会的形式发布。西方发达国家通常在季度结束的 4—6 周公布，这样的速度对于他们难以想象，以至于中国的"快速"反而被认为是统计缺乏可信度。其实中国能及时发布 QE，与中国一直以来实行的统计报表制度不可分割。初步核实值与最终核实值均可在国家统计数据库（http：//data. stats. gov. cn）和《中国经济景气月报》上查找。

---

① 增加值率法的推算公式如下：现价增加值 = 现价总产出 × 现价增加值率。

② 相关价值量指标外推法的推算公式如下：现价增加值 = 上年同期现价增加值 × （1 + 现价增加值增长速度）。

③ 年主营业务收入在 500 万元以下的法人工业企业。

④ 参照国家统计局网站（http：//www. stats. gov. cn/tjsj/sjjd/201507/t20150717_1216766. html）2015 年 7 月 17 日发布的"许宪春：正确看待我国季度 GDP 核算数据"。

最初 QE 的估算包含农、林、牧、渔业、工业、建筑业、交通运输和邮电通信业、批发和零售贸易餐饮业、金融业及房地产业及其他服务业等 8 个行业组成，2006 年将批发和零售业与餐饮业细分为 9 个行业①，工业进一步分为 3 个门类，其他服务业分为 9 个门类②。由于资料的限制，中国至今仍未发表支出法 QE。今后，随着市场经济的不断深入，特别是现在中国实施积极的财政政策，不断增加公共基础设施的投资，提出供给侧改革，扩大国内消费时，从需求面分析的需求自然会增加。

特别是在中日比较方面，由于中国只有生产法 QE，而日本又只有支出法 QE，所以虽然能进行 QE 总量比较，而对结构性分析，无论从消费、投资等需求方面，还是从各产业生产活动的供给方面均无法进行比较。

五　结论及启示

通过上文 GDP 核算方法的比较，可以发现中日都在遵循 SNA 体系的基础上，根据各自国家的具体情况，在数据收集以及统计方法逐步改进和完善。总体上讲，日本的统计基础良好，但由于是分散型统计制度，各省厅基于各自行政需求分别进行统计调查及数据收集工作，所以有可能带来各统计之间口径不同的问题，2007 年全面修订统计法，其中主要目的之一就是改善这个问题；日本年度国民经济核算很全面，GDP 核算通过投入产出统计调整平衡数据，以期达到或接近 GDP 三方

---

① 参照国家统计局国民经济核算司（2010）《季度国内生产总值核算方案（试行）》。
② 参照中国经济网（http://www.ce.cn/xwzx/gnsz/gdxw/201510/22/t20151022_6780152.shtml）"国家统计局关于 GDP 季度核算的说明（全文）"。工业包含采矿业，制造业，电力、热力、燃气及水生产和供应业 3 个门类；其他服务业包含信息传输、软件和信息技术服务业，租赁和商务服务业，科学研究和技术服务业，水利、环境和公共设施管理业，居民服务、修理和其他服务业，教育，卫生和社会工作，文化、体育和娱乐业，公共管理、社会保障和社会组织 9 个门类。参照国家统计局国民经济核算司（2010）《季度国内生产总值核算方案（试行）》。

等价,数据以支出法为准,季度核算则只核算支出法 GDP 及一部分分配项目,但是生产法 QE 的推算已放入了推算日程之中。

与日本相比,中国相对统计基础数据还比较薄弱,尽管已经有了极大的改善,GDP 核算的统计环境逐渐好转,但还受到一定的制约,在很多方面存在妥协折中的处理方式;受传统的统计报表制度的影响,年度核算仍以生产法 GDP 为基准,由于缺乏详细的统计数据,不能进行每年的投入产出统计。因此基础数据缺乏是中国 GDP 核算的薄弱环节。现在中国在发展社会主义市场经济,中小企业已经成为经济的主体,这些企业的统计数据详尽与否关系 GDP 核算的准确性。中国现在以国家统计局为核心进行数据调查和收集工作,而地方上自主的调查及数据收集工作仍然非常薄弱,加强地方统计数据的调查及收集工作,拓宽数据来源,为丰富中国的统计数据及健全每年的投入产出统计有非常重要的意义。中国季度核算也是由于数据不足等原因仅有生产法 QE,未核算支出系列的 QE。进行支出法 QE 的核算应当也是进一步完善中国 GDP 核算的核心内容。由于中日 QE 核算方法的不同,因而进行中日 QE 比较时只能进行总量比较,不能进行结构性分析。

参考文献

[1] 许宪春:《中国国民经济核算与统计问题研究》,北京大学出版社 2010 版。

[2] 许宪春:《中国国民经济核算体系的建立、改革和发展》,《中国社会科学》2009 年第 6 期。

[3] 小島麗逸:《中国の経済統計の信憑性》,《アジア経済》2003 年第 44 期。

[4] 奥本佳伸:《日本における国民所得推計の歩み》,《(千葉大学)経済研究》1997 年第 2 期。

[5] 内阁府经济社会综合研究所:"2008SNA に対応した我が国国民経済計算について",2016,http://www.esri.cao.go.jp/jp/sna/seibi/2008sna/pdf/20161130_2008sna.pdf。

［6］作間逸雄編：《SNAがわかる経済統計学》，有斐閣2003年版。

［7］野木森稔：《先進主要国の生産アプローチに基づく四半期GDPの特徴とその位置づけ―日本での導入に向けてのサーベイ》，《季刊国民経済計算》2011年第146期。

［8］山本龍平：《分配側GDP推計の各国における実施状況とわが国における対応― わが国における分配側GDP四半期推計の試算について ―》，《季刊国民経済計算》2011年第146期。

［9］吉沢裕典、小林裕子、野木森稔：《日本における生産側四半期GDP速報の開発に向けて》，《季刊国民経済計算》2014年第155期。

［10］许宪春：《对我国季度国内生产总值核算的思考》，《中国统计》2006年第6期。

［11］许宪春：《论中国国民经济核算体系2015年的修订》，《中国社会科学》2016年第1期。

［12］United Nations, "Basic Principles of the System of Balances of the National Economy", *Studies in Methods*, 1971, Series F, No. 17.

［13］Li, Jie, *China's GDP Statistics——Comparison with Japan*, 2016, Berlin, Germany: Scholars' Press.

［14］Holz, C. A., "China's Statistical System in Transition: Challenges, Data Problems, and Institutional Innovations", *Review of Income and Wealth*, 2004, 50 (3), pp. 381 – 409.

The Comparison of GDP Measurements between China and Japan

Abstract: The gross domestic product (GDP) is the data which carries on statistics processing, because the statistical basis and system are different in various countries. In fact, the methods of GDP measurements are different in the various countries, although the measurement according to the same international standard, System of National Accounts (SNA). Japan has established very complete and comprehensive annual national accounting including flow and stock statistics by very strong and detail basic statistical survey and annual GDP accounting is highly dependent on the input-output statistics (U-tables and V-tables) because the three kind of estimates of annual GDP are needed by production approach, distribution approach and expenditure approach. Chief among them is expenditure approach, and it becomes the standard GDP in Japan. Quarterly GDP estimation (QE) in Japan has only been expenditure-side approach, and it is the only one country which there has not yet been QE using production approach among the advanced Western countries. Through the investigation of GDP accounting methods and basic statistical data between China and Japan, this paper tries to provide a comprehensive description of the overall characteristics of the two countries' GDP accounting and provide a reference for further improvement of China's GDP measurement.

Keywords: Gross domestic product; Input-output accounting; Production approach GDP; Expenditure approach GDP

中蒙俄贸易和产业的协调机制和政策研究

——基于产业互补和产业替代的视角[*]

张建武[①] 薛继亮[②] 李 楠[③]

摘 要：中蒙俄区域经济合作的重要性已经深入人心，但是中蒙俄贸易和产业的协调机制尚不清晰。本文采用 UN Comtrade 数据库中 SITC 分类标准下 0—8 类商品，测度中蒙俄产业互补和产业替代情况，分析中蒙俄贸易和产业的协调机制。结果发现，中国和俄罗斯的互补性非常高，而中蒙、俄蒙的互补性较低，尤其在工业制成品和化学品及有关产品等行业；中俄之间的产业差异性和替代性带来了两国之间的产业互补；但是中蒙、俄蒙之间的产业差异性和替代性并没有带来了两国之间的产业互补，这种互补性被美国、日本等代替；这实际上削弱了中蒙俄三国之间区域经济发展的紧密性。蒙古国成为中蒙俄三国之间区域经济合作的关键环节，尤其是中俄和蒙古国之间

---

[*] 项目支持：教育部研究基地重大招标课题"中蒙俄经济走廊建设中的边境经济发展研究"（16JJDGJW007）；内蒙古社科规划项目：内蒙古资源型产业和战略新兴产业交融发展研究（2017NDB123）；国家自然科学基金项目"对外贸易结构调整对劳动力市场的影响机制与政策研究"（71673063）；广东外语外贸大学重大培育项目"对外贸易结构调整对劳动力市场的影响机制与政策研究"（16ZD03）阶段性成果。

① 广东外语外贸大学经济与贸易学院教授。
② 内蒙古大学经济管理学院副教授、硕士生导师。
③ 广东外语外贸大学商学院副教授。

> 如何形成跨国、跨区域的产业链尤为主要。但是由于三国的市场化程度、市场规模和工业化进程的差异，使得区域间相互协调的有机整体的产业链的形成存在可能性，但是存在一定的难度。最后提出了促进中蒙俄贸易和产业的互动机制发挥作用的政策设计。
>
> **关键词**：贸易与产业；产业互补；产业替代

全球已经迈入经济全球化和区域经济一体化的进程，这是当今世界经济发展的主流。在经济全球化和区域经济一体化背景下，资本、技术、资源以及人才等生产要素的流动更加密切，区域经济联系更加紧密。区域经济增长更加关注资源配置的流向。中蒙俄三国相依相邻具有地缘优势和产业结构互补优势，形成了别具特色的特殊战略合作关系，能够在区域经济一体化发展中促进区域经济共利共赢。2014年，习近平总书记提议建立"中蒙俄经济走廊"，与俄罗斯倡议的建立"跨欧亚大铁路"和蒙古国倡议的"草原丝绸之路"进行对接。伴随着习近平总书记出访蒙古国和俄罗斯，中蒙俄区域经济合作的重要性已经深入人心，但是如何合作、在何处合作和为什么合作的理论基础却相对薄弱，为此本文从产业互补和产业替代的视角出发，探索中蒙俄贸易和产业的协调机制和政策设计，找出中蒙俄区域经济合作的要点和实现路径。

一 文献综述

伴随着经济全球化，区域经济一体化，必然要求中蒙俄经济进一步融合发展和相互支持，必然要求实现中蒙俄区域经济一体化，其目标和内涵是实现中蒙俄一体化联盟或"新大陆经济体"。"中蒙俄经济走廊"建设与"一带一路"倡议是一个整体，作为"一带一路"倡议的起点，不仅能够"稳疆兴疆"、改善民生、调整国内经济结构、维护周边地区稳定，同时，对于推动"一带一路"倡议、推动欧亚地区经济一体化具有重大作用（于洪洋等，2015）。中蒙俄发展一体化经济面临机遇和挑战，只是来自贸易壁垒和交通瓶颈的因素掩盖了现实基础和有利条件，成为较大的制约因素。发挥毗邻口岸城市的支点优势，通过发展沿线陆桥经济，最终实现区域经济一体化是实现中蒙俄区域经济一体化的战略路径（包崇明，2013）。同时构建亚欧支线陆桥，是构成东北亚经济一体化和亚欧经济融合的基础和前提（王刚，2013）。

推动中蒙俄经济走廊的建设发展是符合中蒙俄共有利益的战略选择。在"一带一路"倡议指导下，中蒙俄经贸合作不断扩大、政治可信度不断提升、产能合作潜力巨大、三国战略对接发展紧密；然而，不容忽视的是中蒙俄经济走廊发展面临着贸易结构不合理、俄蒙基础设施不完善以及存在严重的民族主义问题等挑战。加快三国互联互通基础设施建设、创新产业合作方式、加强金融领域合作、推进建立中俄蒙自贸区成为中蒙俄经济走廊合作开发的关键（陈岩，2015）。在"中蒙俄经济走廊"建设中要重视俄蒙关系，尤其是重视蒙古国在中俄之间作用和位置（范丽君、李超，2016）。

中国和周边其他国家的产业互补以及产业替代，促进区域经济合作方面已经积累了丰富的经验。中国与菲律宾经济存在竞争性的同时，也蕴含着巨大的互补性。原晶晶（2010）从中国与菲律宾经济发展现状出发，在探讨中国与菲律宾经济互补性的基础上分析了中菲经济合作的现状、特点及存在问题，并展望两国经济合作的前景。庞卫东（2011）发现中国与东盟之间的贸易互补性日益增强。同时，中国与东盟出口结构趋同态势越来越显著，意味着中国与东盟在出口上越来越强劲的竞争性。荣静和杨川（2006）研究中国与东盟主要国家农产品的贸易竞争和互补关系时发现中国与东盟在农产品贸易上出口相似程度较高，互补关系在减弱，以竞争关系为主；潘青友（2004）的研究也证实了这一点，认为中国与东盟在相互贸易的趋同性在变强，并从贸易互补和贸易竞争两个角度测算了中国与东盟的贸易互补性以及中国与东盟国家在本自由贸易区之外市场上的出口相对竞争优势，中国在一个比较长的时间内出口贸易竞争将比较激烈。武敬云（2012）运用贸易结合度指数、显性比较优势指数、斯皮尔曼等级相关系数、贸易互补性指数等多种贸易指数测度了"金砖国家"的内部贸易关系，发现金砖国家之间也存在较强的贸易竞争，即使在高度互补的产品上竞争依然存在。随着"金砖国家"合作机制的深化，各国将会在合作中进行竞争，在金砖国家内部将会出现资源的再分配和利益的再整合过程。

服务贸易世界贸易中的地位不断增强。中国和日本同处于东北亚经济圈，彼此经济往来十分密切，是重要的服务贸易伙伴。在此背景下，分析中日两国服务贸易的相对竞争力及竞争互补性显得十分重要。韩岳峰和张龙（2013）以中日两国服务业为研究主体，运用 RTC 指数、RRCA 指数、竞争力互补指数与竞争优势互补指数进行分析。研究发现，中日两国服务贸易竞争性和互补性同时存在，但是中日两国服务贸易出口政策实施力度有所不同，且中国服务贸易政策倾向于鼓励出口。成蓉和程惠芳（2011）基于按照 HS1996 分类的商品贸易和 EBOPS 分类的服务贸易进出口数据，分析了中印两国的贸易结构，并计算了两国的贸易竞争力、互补性和相似性指数，探讨了两国在商品贸易和服务贸易中的竞争性与互补性。分析结果显示，中印两国在不同的商品类型及服务产业上竞争与互补并存，其中中国的商品贸易结构优于印度，而印度的服务贸易结构优于中国，因此两国应加强合作，获得更多的贸易利益。陈秀莲（2011）将服务贸易互补性分为产业间贸易互补性与产业内贸易互补性，并依此改进了贸易互补指数，实证分析了中国与东盟国家服务贸易的互补类型和互补水平，结果发现，中国与东盟国家开展服务贸易有一定的互补性，并且不管是何种互补类型，其互补性都动态上升。从国家来看，中国与东盟发达国家在技术密集型服务贸易上产业间互补度最高，在劳动密集型产业内互补度最高；与东盟新、老成员国互补度最高的都是技术密集型服务贸易，但涉及的服务部门不相同；从服务部门看，在保险、专有权与特许经营部门，中国与东盟国家的服务贸易以产业间互补为主；在运输、旅游、金融等部门服务贸易以产业内互补为主。陈苗（2013）使用 RCA 指数和 RRCA 指数衡量中美两国贸易的比较优势，结果发现中美贸易结合度和互补度指数以及美中贸易互补度都比较高，验证了两国贸易关系比较紧密，同时中国仅在机械和运输设备以及杂项制品两大门类具有对美国出口比较优势，对美国贸易稳定性没有出现较大的波动，稳定性比较好。

综上所述，已有的文献研究国家间产业互补和产业替代主要集中在中国和东盟、日本、印度以及金砖国家，对中蒙俄的研究还不多；中蒙俄的研究更多体现在战略层面，实证研究也比较少。因此，本文从产业互补和产业替代的视角出发，探索中蒙俄贸易和产业的互动机制和政策以及中蒙俄区域经济合作的要点和实现路径，具有一定的研究空间，也希望能够为中蒙俄区域贸易和经济合作提供有益的政策建议。

二 理论与方法

本文从产业互补和产业替代的视角出发，探索中蒙俄贸易和产业的互动机制和政策，具体方法如下所示。

（一）互补性测度

测度中蒙俄三国的产业互补性，在于衡量一国进口与另一国出口的兼容性。本文采用 Drysdale (1967) 提出的贸易互补指数测算法，从贸易结构互补性的定量分析出发，测度中蒙俄的贸易互补指数；采用这一方法还在于不能完全获得中蒙俄上某一产业的全部交易量。这一方法的计算公式如下：

$$C_{ij} = 100 - \left\{ \left[\sum_k \left| \left(\frac{M_j^k}{M_j} - \frac{X_i^k}{X_i} \right) \right| / 2 \right] \right\} \times 100 \qquad (1)$$

其中，C_{ij} 是 i 国和 j 国的贸易互补指数，M_j^k 是 j 国 k 类商品的进口额，M_j 是 j 国所有商品进口总额；X_i^k 是 i 国 k 类商品出口额，X_i 是 i 国所有商品出口总额。$0 \leq C_{ij} \leq 100$，C_{ij} 的值越大，越靠近 100，说明了两国 k 产业的贸易互补程度就越强；反之，两国 k 产业的贸易互补程度越低。

(二) 替代性测度

本文测度中蒙俄三国的产业替代性,主要考虑中蒙俄三国在外部第三方市场上的竞争性,故采用出口相似度指数进行测度,以测度两国或地区在第三方市场或世界市场上出口产品的相似程度。出口相似度指数最早是由 Finger Kreinin (1979) 提出的,后来经过 Click 等 (1998) 进行修正。计算公式如下:

$$S^p(i,j,w) = \left\{ \sum_k \left[\left(\left(\frac{X_{iw}^k}{X_{iw}} + \frac{X_{jw}^k}{X_{jw}} \right) / 2 \right) \times \left(1 - \frac{\left| \frac{X_{iw}^k}{X_{iw}} - \frac{X_{jw}^k}{X_{jw}} \right|}{\frac{X_{iw}^k}{X_{iw}} + \frac{X_{jw}^k}{X_{jw}}} \right) \right] \right\} \times 100 \tag{2}$$

其中,$S^p(i,j,w)$ 表示出口相似度指数,i、j 和 w 分别表示将要进行比较的两个国家以及第三方市场(世界市场)X_{iw}^k 和 X_{iw} 分别表示 i 国 k 类产品的出口额和 i 国所有产品的出口总额,X_{jw}^k 和 X_{jw} 分别表示 j 国 k 类产品的出口额和 j 国所有产品的出口总额。$0 \leq S^p(i,j,w) \leq 100$,$S^p(i,j,w)$ 越大,说明了两国的出口产品相似度越高,在第三方市场上的竞争就越激烈。实际上,两国产业结构或工业化程度越相近,出口产品相似度就越高,在第三方市场上的出口产品竞争程度就越高(翟旭柯,2011)。

因为三国之间能否形成一个区域间的相互协调的有机整体的产业链是中蒙俄贸易和产业合作的难点,所以本文通过计算中蒙俄三国之间的贸易互补指数和出口相似度指数,讨论三国间的贸易和产业的协调机制,从食品和活畜,饮料和烟草,不能食用原材料(燃料除外),矿物燃料、润滑剂和相关材料,动物和植物油、油脂和蜡,化学品及有关产品,工业制成品(以材料分类),机械和运输设备和杂项制品的等产业互补和替代的角度论证产业链形成和产业合作的现状和可能性。

三 中蒙俄贸易和产业的互动机制

根据数据的可获得性，本文采用 UN Comtrade 数据库中 SITC 分类标准下 0—8 类商品，即食品和活畜，饮料和烟草，不能食用原材料（燃料除外），矿物燃料、润滑剂和相关材料，动物和植物油，油脂和蜡，化学品及有关产品，工业制成品（以材料分类），机械和运输设备和杂项制品的贸易互补指数和出口相似度指数。因为第 9 类商品为未分类商品，商品之间的联系小且交易数额很小，在此不进行测度分析。测度结果如表 1 和表 2 所示。

（一）中蒙俄三国的贸易和产业互补

表1　　　　　　　　中蒙俄三国的贸易互补指数

年份	产业	中国—蒙古国	蒙古国—中国	中国—俄罗斯	俄罗斯—中国	俄罗斯—蒙古国	蒙古国—俄罗斯
2007	食品和活畜	77.58	70.86	98.71	90.42	69.88	70.90
	饮料和烟草	94.35	87.54	99.70	99.89	99.36	87.54
	不能食用原材料（燃料除外）	71.35	14.22	98.98	76.82	86.98	13.72
	矿物燃料、润滑剂和相关材料	96.48	0.91	94.50	94.16	8.22	0.81
	动物和植物油、油脂和蜡	86.23	99.96	99.86	100.00	61.59	99.96
	化学品及有关产品	64.47	51.86	96.48	87.25	85.74	51.86
	工业制成品（以材料分类）	34.42	16.43	87.17	99.68	86.47	16.41
	机械和运输设备	71.03	84.26	87.62	92.87	90.15	84.26
	杂项制品	31.54	99.35	73.44	94.66	97.28	99.35
2014	食品和活畜	80.95	41.61	97.90	96.42	70.34	41.61
	饮料和烟草	91.74	98.43	99.33	98.39	80.20	98.43
	不能食用原材料（燃料除外）	53.88	5.14	98.61	73.96	79.70	4.22
	矿物燃料、润滑剂和相关材料	90.13	1.41	99.95	98.63	19.72	0.93
	动物和植物油、油脂和蜡	99.87	83.32	99.63	99.33	48.30	84.35

续表

年份	产业	中国—蒙古国	蒙古国—中国	中国—俄罗斯	俄罗斯—中国	俄罗斯—蒙古国	蒙古国—俄罗斯
2014	化学品及有关产品	71.64	28.91	93.86	93.47	82.90	28.91
	工业制成品（以材料分类）	29.97	17.62	81.70	99.60	90.75	17.59
	机械和运输设备	67.01	93.87	81.41	91.57	93.10	93.87
	杂项制品	56.76	94.31	68.16	97.66	93.68	94.31

从表1可以发现，中蒙俄三国2007年和2014年0—8类商品的贸易互补指数中大部分很高，其中中国和俄罗斯的互补性非常高；但是中国和蒙古国2007年在工业制成品，矿物燃料、润滑剂和相关材料，2014年在工业制成品和化学品及有关产品，矿物燃料、润滑剂和相关材料；俄罗斯和蒙古国2007年在工业制成品，矿物燃料、润滑剂和相关材料，不能食用原材料（燃料除外），2014年在工业制成品和化学品及有关产品，矿物燃料、润滑剂和相关材料，不能食用原材料（燃料除外）等不存在单方面或者双方面的互补性。出现这种情况的原因有以下几点。

第一，中国和俄罗斯的产业结构的差异明显。俄罗斯产业结构特征呈现出苏联的烙印，是对苏联畸形产业结构的继承与发展，表现出农业和服务业相对落后，重、化工业为支柱的第二产业一枝独秀的产业特征。1992年俄罗斯完成"激进式"改革后，俄罗斯的产业结构的优化升级没有得到体现，三大产业内各行业发展无明显变动趋势，尤其是第三产业的发展依然比较缓慢，没有形成带动经济增长、关联度高的主导产业，产业高级化乏力（赵会芳，2012）。这种情况只有俄罗斯加入世界贸易组织，开放程度越来越高后才慢慢改观。与此相比，中国经过发展却形成了相当完善的工业体系，工业门类齐全，第一产业份额持续下降，第三产业份额不断上升，产业高级化和技术水平不断提高。

第二，中国和蒙古国明显处于不同的产业发展阶段。蒙古国自身并不存在完整的产业体系，其产业结构落后，产业层次较低，并且产业科技含量比较低，处于产业链条的低端。目前，蒙古国的工业化程度比较低，只有畜牧业占比较高的农业和采掘业占主导地位，畜产品加工业、轻工业及第三产业发展缓慢，处于落后水平。伴随着蒙古国资源和能源的发现，近几年蒙古国产业结构调整和优化已初见成效，尤其是农业、轻纺和食品加工工业发展迅速（张桂兰等，2002），并获得较大发展。受到经济转型及国际市场冲击的影响，蒙古国产业结构呈现特例性、逆工业化、非自律性等特征，和世界多数国家的产业结构演进不一样；蒙古国产业内部结构不平衡，产业发展的资源环境约束较强（李晗斌、赵儒煜，2009）。俄罗斯和蒙古国也存在类似的情况。

因此，中蒙、俄蒙的产业互补性并没有像想象中的那么好，至少在工业制成品和化学品及有关产品，矿物燃料、润滑剂和相关材料，不能食用原材料（燃料除外）等行业；这实际上就需要正视一个问题：为什么这些产业和蒙古国不互补？究竟谁和蒙古国产业互补？带着这个问题，下文将分析三国间的产业替代。

（二）中蒙俄三国的贸易和产业替代

表2　　　　　　　　　　中蒙俄三国的出口相似度指数

年份	产业	中国—蒙古国	中国—俄罗斯	俄罗斯—蒙古国
2007	食品和活畜	1.4707	1.9696	1.4707
	饮料和烟草	0.0134	0.1145	0.0134
	不能食用原材料（燃料除外）	0.7473	0.7473	4.0958
	矿物燃料、润滑剂和相关材料	1.7112	1.7112	9.0149
	动物和植物油、油脂和蜡	0.0036	0.0248	0.0036
	化学品及有关产品	0.1384	4.1688	0.1384
	工业制成品（以材料分类）	3.6113	15.3958	3.6113
	机械和运输设备	0.9559	3.7544	0.9559
	杂项制品	1.3695	0.7323	0.7323

续表

年份	产业	中国—蒙古国	中国—俄罗斯	俄罗斯—蒙古国
2014	食品和活畜	0.2987	2.5152	0.2987
	饮料和烟草	0.0541	0.1231	0.0541
	不能食用原材料（燃料除外）	0.6757	0.6757	3.1915
	矿物燃料、润滑剂和相关材料	1.4706	1.4706	25.9095
	动物和植物油、油脂和蜡	0.0002	0.0266	0.0002
	化学品及有关产品	0.0382	4.7290	0.0382
	工业制成品（以材料分类）	1.5019	10.5965	1.5019
	机械和运输设备	1.6217	4.0344	1.6217
	杂项制品	0.5525	1.2574	0.5525

从表2可以发现，中蒙俄三国2007年和2014年0—8类商品的出口相似度指数中大部分很低，说明了三国之间的两国的出口产品相似度越低，三国产业结构或工业化差异越大。这就为本文解决上文提出的问题提供了思路，中俄之间的产业差异性和替代性带来了两国之间的产业互补；但是中蒙、俄蒙之间的产业差异性和替代性并没有带来了两国之间的产业互补，这种互补性被美国、日本等代替；这实际上削弱了中蒙俄三国之间区域经济发展的紧密性。蒙古国成为中蒙俄三国之间区域经济发展的关键环节。

中国一直坚持工业化是现代化的关键，为此中国重视工业生产并且形成了高度资本密集型的国有工业部门，尤其是汽车、机械以及钢铁等几个行业；这一策略淡化了劳动力的比较优势，导致中国政府在制定价格政策中存在"重资本、轻劳动"，表现为人均GDP所表示的技术进步并不能促进工业劳动份额的增加。与国有企业不同的是，中国的民营企业的劳动密集程度明显高于国有企业，但是在出口导向的激励下，民营企业同样更多的选择资本密集型产业，劳动密集型产业发生逆转，成为资本密集型产业。虽然受到出口导向的影响，但是中国的目标市场缺少对俄罗斯和蒙古国的突破，导致中蒙、中俄的产业互补和产业替代并不一致。

俄罗斯依然处于发展现代工业阶段，和中国不一样的是，俄罗斯主要把以石油为主的资源型产业作为其支柱产业，约占其工业产值的30%；其他工业如木材加工、电力、纺织、采掘、食品等行业的产值低于8%。虽然，俄罗斯的高科技产业具有较强的竞争力，但是其知识密集型产品产量只占世界生产总量的0.3%—0.5%，远低于美国（36%）、日本（30%）、德国（17%）和中国（6%）。俄罗斯的资本投入低于发达国家，以及中国等发展中国家，这也导致俄罗斯固定资产增长无法带来贸易的扩张（张希坤，2012），同样和俄中、俄蒙之间的产业互补和产业替代并不一致。

蒙古国的大力投资可以带来就业，带来劳动份额的提高。但是蒙古国各产业间发展不协调，尤其是第一产业和第三产业不对称，主要是附加值较高的第三产业的产值、比重和从业人员比重严重滞后，发展缓慢（孟和，2014）。同时蒙古国实施远邻外交，导致其和中国、俄罗斯等两大邻国的贸易合作并不十分紧密，产业互补和产业替代并不一致的情况必然会发生。

从三国间的产业协调的角度来看，中俄和蒙古国之间如何形成跨国、跨区域的产业链，尤其是形成一个区域间的相互协调的有机整体的产业链尤为主要。但是由于三国的市场化程度、市场规模和工业化进程的差异，使得区域间的相互协调的有机整体的产业链的形成难度很大。这就有必要论证和分析中蒙俄贸易和产业的协调机制。

（三）中蒙俄贸易和产业的协调机制

从中蒙俄产业互补性、替代性及其影响因素可以发现，中蒙俄贸易结构的差异源自产业结构和要素投入差异。中蒙俄三国工业产业互补性、替代性的差异意味着三国可以取长补短，产业互补，需要一种完善的贸易和产业的协调机制。这种贸易和产业的协调机制要基于贸易合作形成产业合作，进而形成一种完整的跨区域产业链。

第一，从技术互补来看，中俄、中蒙和蒙俄的合作重点不一样。根据三国经济结构互补的需要，除了促进三国从交通走廊向经济走廊转变，包括天然气管道和交通线路（Enkhtuul，2014）；还需要根据三国间的差异性进行合作。其中中俄的产业合作重心在于重工业和轻工业的互补，中蒙之间在于完善蒙古国产业链条，尤其是民品产业链（于洪洋等，2015）。中蒙俄合作需要通过运输、能源与电力等项目的经济走廊的建设实现三国的经济一体化，使得三国迈入全球化发展的快车轨道（宋兰旗，2012）。

但是需要清醒地认识到，中蒙俄三国的合作并非不可替代，三国中，尤其是俄、蒙两国随时都可以和其他国家进行产业合作和经济合作。在此，中国需要以更大的胸怀将产业合作延伸到运输、能源与电力之外，更多地考虑他国的需求，而非更多地考虑己方利益，打破中国输出产能过剩的看法，提高三国经济和政治合作的匹配程度。

第二，从区域来看，中蒙俄的区域合作是超越俄罗斯远东地区、蒙古国和中国东北、内蒙古地区的地缘限制的。中蒙俄的合作始于俄罗斯远东地区、蒙古国和中国东北、内蒙古地区，但是一定要超越这一地缘限制，尤其是更深层次的技术、资本和金融合作等方面。中蒙俄有必要在自贸区的基础上大胆尝试，实现贸易、服务、资本、劳动等的交易和要素流通。因此，中蒙俄贸易和产业的合作问题不仅是三国的事情，应该是世界经济的一部分。从这个视角来看，中蒙俄贸易和产业的协调机制需要纳入一带一路的框架中，参与世界贸易和投资合作，实现三国在不同产业链条的国际分工，享受市场规模扩大带来的收益和产业提升。

第三，资本需求供给的差异为中俄、中蒙带来机会。中蒙俄合作的契机在中俄战略协作伙伴关系、中蒙战略合作伙伴关系签订以及俄罗斯加入WTO之后显得更为关键（包崇明，2013）。从中蒙俄三国的合作来看，经贸、能源、投资、科技、教育、文化等领域的合作将进入新的发展阶段，会更加密切。中国资本过剩为中蒙、中俄提供资本支持带来了可能性。

第四，中国的市场规模为中国资本输出和俄蒙发展外向型经济奠定了基础。俄蒙技术选择、资本需求和资源禀赋能够为两国外向型经济提供基本条件，主要体现在能源产业、农业和畜牧业、食品产业、皮革产业等。中国市场规模可以通过国际分工的方式形成三国间跨区域的产业链。

四　中蒙俄贸易和产业合作的政策设计

（一）贸易和产业合作需要点线开发俱进

第一，参照"渝新欧"模式，建设"呼和浩特—乌拉巴托—莫斯科""北京—哈尔滨—莫斯科"等运输路线，进而能够在中蒙俄三国形成水陆空三个国家级的枢纽、三个一类口岸、三个保税区的"三个三合一"。需要注意的是，枢纽的节点不一定在中国，可以通过谈判确定。积极推动和加快建设沿线口岸自由贸易区，推进货物和要素流通；在交通和口岸基础设施建设、通关能力建设方面加强合作，使得三国"交通走廊"变得更加通畅，实现国际贸易和国际物流便利化。

第二，发挥口岸城市的支点作用。中蒙俄三国需要加强开放口岸城市的建设，促进三国资源要素的流通和优势互补。可以考虑在中蒙边境的口岸城市二连浩特建设更加开放和一体化的自由贸易区，因为二连浩特背靠中国京津唐环渤海经济圈和呼包鄂经济带，联结蒙古国、俄罗斯及欧洲市场，是陆路联通欧亚最便捷的通道。在这一区域，可以优先考虑贸易合作，产业合作和金融合作。

（二）贸易结构优化和产业合作聚焦

可以考虑像云南省一样建立建设跨国跨区域电力交换枢纽，形成跨区域跨国的能源产业链的合作。需要注意的是这些产业的产业链条不要太长，产业技术相对成熟，产业类型属于资本密集型，这样的产业在中蒙俄三国产业替代和产业互补的角度来看，能源产业、农业和畜牧业、食品产业、皮革产业都是不错的选择。此外还要着力发展边境贸易，提高贸易额，优化商品贸易结构，提升经贸合作水平。在扩大农产品、能源矿产、建材以及造纸产品、纺织品等贸易规模的同时，稳步提高装备制造和高技术产品的生产水平；考虑建立跨境经济合作区；打造产能与投资合作集聚区，促进能源矿产资源、高技术、制造业和农林牧等领域合作，实现三国间的产业协同发展（发改委，2016）。

（三）资本合作和金融合作是贸易和产业协调合作的重点

第一，加强资本市场建设和金融合作。中蒙俄要加快扩大金融合作，推动双边本币互换和资金融通，加快构建金融服务的新体系。中蒙俄三国要积极推进国家央行之间签署战略合作协议，推动金融企业走出去和引进来，互设金融机构，畅通贸易投资便利化；开展区域金融合作的优惠政策的洽谈，加强三国国家金融监管部门和金融机构的互访交流；推动国际金融开放合作和探讨项目融资和鼓励投资机制，探寻适合经济走廊发展的国际金融区域合作模式，创新金融产品与服务，为构建金融市场创新发展创造良好环境和完善的基础设施。

第二，筹建资本平台。考虑中蒙俄开发基金等金融平台，共同推动国际金融机构融资，筹发专项基金，建立重点项目库，进一步推动区域务实合作。除了政策性银行、亚洲基础投资银行、丝路基金等方式，还可以采用丝路债券、创新金融产品等金融创新来促进三国间的金融合作。

参考文献

[1] 于洪洋、欧德卡、巴殿君：《试论"中蒙俄经济走廊"的基础与障碍》，《东北亚论坛》2015年第1期。

[2] 包崇明：《中蒙俄区域经济一体化战略研究》，《当代世界与社会主义》2013年第1期。

[3] 王刚：《基于亚欧融合和支线陆桥一体化双重背景下中蒙俄的差趋性分析》，《东北亚论坛》2013年第1期。

[4] 陈岩:《"一带一路"战略下中蒙俄经济走廊合作开发路径探析》,《社会科学辑刊》2015年第6期。

[5] 范丽君、李超:《俄蒙关系对"中蒙俄经济走廊"建设的影响》,《东北亚学刊》2016年第2期。

[6] 原晶晶:《从经济互补性看中国与菲律宾的经济合作》,《东南亚纵横》2010年第5期。

[7] 庞卫东:《中国与东盟贸易互补性与竞争性分析:2002—2009年》,《东南亚纵横》2011年第5期。

[8] 荣静、杨川:《中国与东盟农产品贸易竞争和贸易互补实证分析》,《国际贸易问题》2006年第8期。

[9] 潘青友:《中国与东盟贸易互补和贸易竞争分析》,《国际贸易问题》2004年第7期。

[10] 武敬云:《"金砖国家"的贸易互补性和竞争性分析》,《国际商务》(对外经济贸易大学学报)2012年第2期。

[11] 韩岳峰、张龙:《中日服务贸易竞争力、互补分析及政策比较》,《现代日本经济》2013年第3期。

[12] 成蓉、程惠芳:《中印贸易关系:竞争或互补——基于商品贸易与服务贸易的全视角分析》,《国际贸易问题》2011年第6期。

[13] 陈秀莲:《中国与东盟国家服务贸易互补性的研究》,《财贸经济》2011年第6期。

[14] 陈苗:《中美贸易的比较优势、互补度及稳定性检验》,《中国流通经济》2013年第10期。

[15] 翟旭柯:《中国和东盟对外贸易结构互补性与竞争性分析》,西南财经大学,硕士学位论文,2011年。

[16] 赵会芳:《俄罗斯产业结构和现状分析及中俄贸易前景》,《中国外资》2012年第4期。

[17] 张桂兰、张序强、徐淑梅、王金辉:《中国东北地区与俄罗斯远东地区及蒙古人民共和国产业合作开发研究》,《人文地理》2002年第2期。

［18］李晗斌、赵儒煜:《蒙古国产业结构演进研究》,《东北亚论坛》2009 年第 5 期。

［19］张希坤:《加入 WTO 对俄罗斯产业发展的影响分析》,《北方经贸》2012 年第 4 期。

［20］宋兰旗:《亚太区域经济一体化的进程与影响因素》,《经济纵横》2012 年第 12 期。

［21］发改委:《建设中蒙俄经济走廊规划纲要》,国务院新闻办公室网站（www. scio. gov. cn.）, 2016 年 9 月 14 日。

［22］Enkhtuul, "Expectation of Land Road Project and Gas Pipeline", *Mongolian National Television Electron Page*, 2014, (9).

The Interaction Mechanism and Policies of the Trade and Industry between China, Russian and Mongolia: Based on Industry Complementary and Irreplaceable

Abstract: Using the data of SITC classification standards under 0 to 8 goods in UN Comtrade database, the paper measures the industry complementary and irreplaceable of China, Mongolia and Russia, and finds that China and Russia complementarity is very high. Mongolia and Russia or Mongolia and China was in low complementary to each other, especially in the manufactured products and chemicals and related products and other industries. Differences between Russia and China's industry and alternative brought about the industrial complementarity between the two countries. However, industry differences between Mongolia and Russia or Mongolia and China in Mongolia does not bring the industrial complementarity. The complementary is replaced by the US, Japan, etc., which pass weak in the actual tightness of regional economic development among three countries. Mongolia is the key link in the process of regional economic cooperation among three countries.

Keywords: Trade and industry; Industry complementary; Industry irreplaceable

生产性服务进口对提升中国制造业国际分工地位的影响*

王 胜[①] 王 俊[②]

摘 要：本文利用 TiVA 数据库和 Koopman 提出的制造业国际分工地位测度方法，测算了 GVC 地位指数并进行了多国比较，发现中国制造业仍旧处于国际分工的低端位置。分别运用 36 个发展中国家组成的跨国数据以及中国细分行业数据展开实证检验，发现生产性服务进口促进了发展中国家制造业分工地位的提升；生产性服务业进口在促进中国制造业分工地位提升过程中，科技进口、信息进口以及运输进口的正面影响效应较大。

关键词：全球价值链；国际分工地位；生产性服务进口

一 引言

20 世纪 80 年代以来，随着贸易自由化程度的提高，国际分工形式发生了新的变化：由产业内分工转变为产品内分工，并成为当前主要的

---

* 本文获得教育部人文社科基金项目（15YJA790056）、教育部人文社科重点研究基地重大项目（15JJD790042）、浙江工商大学现代商贸研究中心领军人才项目、浙江省人文社会科学重点研究基地（浙江工商大学应用经济学）重大项目的资助。

① 宁波海事局。
② 广东外语外贸大学经济贸易学院。

国际分工形式，同时跨国公司成了这个新型分工体系的主体（宾建成，2013）。发达国家的跨国公司为了实现生产利润的最大化和保持核心竞争力，将产品生产过程分割为多个连续阶段，根据其他国家是否具备某个产品生产阶段的要素禀赋优势，将不同的产品生产阶段安排到对应具备要素比较优势的国家，从事某个具体产品生产阶段的专业化生产，即实现产品生产的全球范围内资源优化配置。但是，不同产品生产阶段对应着不同的附加值增值能力，比如从事产品的技术研发、产品设计、核心零部件生产和营销属于高附加值环节，而原材料供应、加工组装等生产阶段则属于低附加值环节。由于发达国家在科学技术、人才创新、资本等要素上具备比较优势，发展中国家在劳动力和自然资源等初级生产要素上具有比较优势。发达国家的跨国公司往往将高附加值的技术研发、产品设计、品牌营销和核心零部件等环节安排在本国或其他发达国家，而将低附加值的加工组装和简单零部件的生产安排到发展中国家。

中国制造业正是凭借国内丰富的劳动力和资源优势，嵌入全球价值链分工体系，实现了飞速发展，2010年中国制造业的产值占世界总产值的比重达到19%，超越了当时的美国，成为世界制造业的第一大国。但是，中国制造业主要以承担产品加工组装环节任务而参与全球分工，因而参与全球价值链分工位置处于中低端，获取的贸易附加值相当微薄。如黎峰（2014）指出，一款iphone销售收入是500美元，其中负责核心技术研发和品牌设计的美国可以拿到381美元，占比超过七成，提供重要零部件的其他发达国家如日本、德国、韩国分别可以拿到59美元、30美元、23美元，占比分别为12.0%、6.0%、4.6%，而中国仅获得6.5美元的加工组装费用，占比为1.3%。中国制造业迫切需要转变发展方式，提高参与国际分工的地位。

对于如何促进中国制造业的转型发展，学者们在研究生产性服务进口影响制造业生产效率和国际竞争力的基础上，进一步提出了通过进口国外先进生产性服务促进中国制造业转型升级（即提升中国制造业国际分工地位）的研究思路。通过加大生产性服务的进口，利用生产性服务富含大量知识和人力资本的特点，促进制造业技术进步、优化制造业组织结构和产业结构，进而实现制造业的转型升级。陈启斐和刘志彪（2013）利用中国 2002 年和 2007 年投入产出表和 UNCTAD 中服务贸易进口数据测算出中国制造业的反向服务外包指数，并实证分析了反向服务外包对中国制造业价值链分工地位的影响程度。结果表明，制造业反向服务外包显著提升了中国制造业价值链地位。卓泓良（2016）分析发现，反向服务外包通过促进制造业企业创新来带动制造业产业升级发展。戴翔和金碚（2013）分析了服务贸易进口的技术含量对中国工业发展方式转变的促进作用，实证结果指出服务贸易进口中关联性强、溢出性强的高端服务如高技术含量的计算机和信息服务业进口，对促进中国转变工业发展方式的作用显著。邓晶和张文倩（2015）利用 17 个发展中国家 2005—2014 年的跨国面板数据，分析了生产性服务贸易自由化对制造业升级影响的作用机制。实证结果表明，生产性服务贸易自由化显著促进了发展中国家制造业的升级发展。李俊和马风涛（2015）也指出要扩大服务部门的对外开放，增加国外优质的服务进口尤其是生产性服务的进口（如金融、物流、信息技术和租赁等），利用这些中间服务对制造业的技术溢出效应促进制造业的转型升级。

对此，本文通过测算十国制造业的 GVC 地位指数，分析中国制造业所处的国际分工地位。然后，构建跨国面板数据，验证进口生产性服务是否会对发展中国家制造业国际分工地位起到促进作用；构建中国制造产业层面的面板数据，分析不同种类生产性服务进口对提升中国制造业国际分工地位的影响程度。

二 制造业国际分工地位的测算与比较

Koopman 等（2010）在基于全球价值链视角对一国出口总额分解的基础上，提出了测度一国制造业参与全球价值链分工地位（即 GVC 地位指数）方法，成为学界普遍采用的衡量方法。具体公式如下：

$$GVC\_position_{ir} = Ln\left(1 + \frac{IV_{ir}}{E_{ir}}\right) - Ln\left(1 + \frac{FV_{ir}}{E_{ir}}\right) \qquad (1)$$

其中，IV_{ir} 表示 r 国 i 产业作为中间品出口到其他国家加工再出口到第三国中包含的本国附加值（即间接国内附加值），FV_{ir} 表示 r 国 i 产业出口中包含的国外附加值，E_{ir} 表示的是一国以贸易附加值衡量的总出口值。

在产品内分工日益深化发展的情形下，国际贸易对象不再仅仅是最终产品而是包含了更多的中间品，这就会导致产品和服务会根据跨国公司在不同国家生产任务而往返进出口，进而会导致一国总出口中出现"重复计算"的问题。尤其是以加工贸易为主的发展中国家，在总额贸易核算体系下，根据出口产品的价值而不是价值构成中本国要素创造的价值进行统计，会严重高估本国获得的贸易利益和国际分工地位。鉴于传统总额贸易统计方法已很难真实表现出各国参与国际分工中获得的贸易利得，国际组织 OECD 和 WTO 于 2011 年提出了以各国出口产品价值增值为统计口径的附加值贸易统计框架，并于 2013 年 1 月首次公布了全球附加值贸易（TiVA）数据库。该组织于 2015 年 10 月又一次更新了 TiVA 数据库[①]。本文利用最新公布的 TiVA 数据库和 Koopman 提出的制造业国际分工地位测度方法，测算了 10 国（分别为发达国家：美国、法国、德国、日本、韩国；金砖国家：中国、印度、巴西、俄罗斯、南非）16 个按国际产业分类标准划分的制造业 1995—2011 年 GVC 地位指数，并按技术含量的不同划分为三类并绘制了 GVC 地位指数变化趋势图。需要注意的是，由于 Koopman 定义的 GVC 地位公式中 IV_{ir} 指标在 TiVA 数据库中没有具体统计数据，本文参照尹彦罡和李晓华（2015）的处理方法，选取 TiVA 数据库中的一国 i 产业作为中间品出口中国内附加值所占比重（$EXRG\_INTDVASH$）来近似代替 IV_{ir}/E_{ir} 指标。

---

① OECD-WTO 于 2015 年 10 月公布的 TiVA 数据库共涉及 34 个 OECD 国家和 27 个非 OECD 国家和地区，涵盖了全球主要的发达国家和发展中国家。这次公布的年份一共包括 1995、2000、2005 和 2008—2011 年，涉及 9 大类包含 16 个细分制造业。

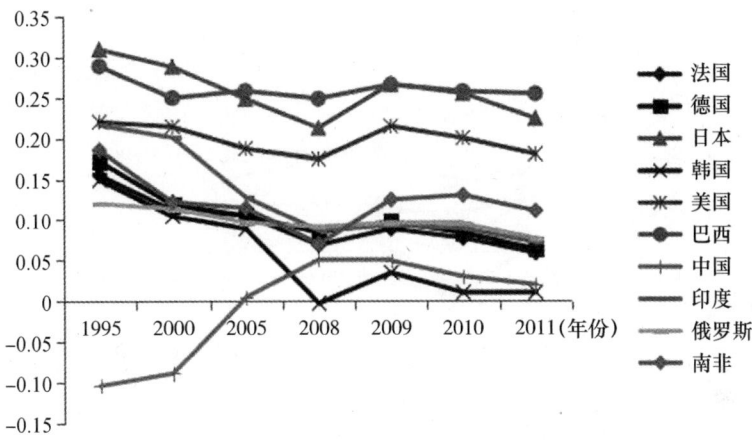

图1 十国低技术制造业 GVC 地位指数变化趋势

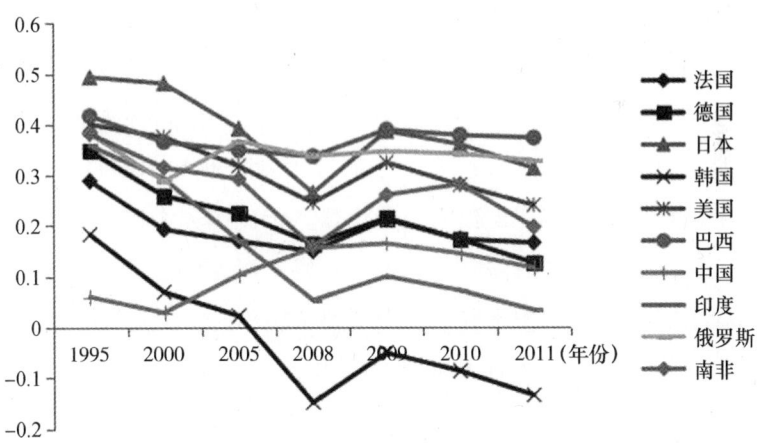

图2 十国中低技术制造业 GVC 地位指数变化趋势

从图1的低技术制造业 GVC 地位指数变化趋势上来看，中国低技术制造业所处的国际分工地位非常低，尽管表现出上升趋势，但在十国排位中仅上升了一位，高于韩国而已。说明了中国在低技术制造业的国际分工中，由于只承担了加工组装环节的生产任务，国际分工地位并没有得到有效提升，存在被发达国家锁定在低端位置的危险。金砖国家中

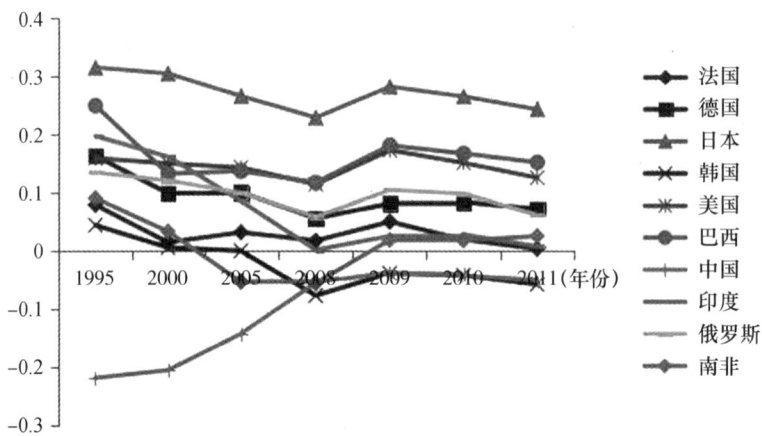

图 3　十国中高技术制造业 GVC 地位指数变化趋势

巴西低技术制造业 GVC 地位指数较高，在 2010 年超越日本成为十国中最高，发达国家中日本和美国低技术制造业 GVC 地位指数要高于其他国家。从图 2 的中低技术制造业 GVC 地位指数变化趋势来看，中国中低技术制造业的国际分工地位要好于低技术制造业和中高技术制造业，但是在十国排位中仍排在倒数第三的位置。金砖国家中巴西在中低技术制造业上仍然保持较高的国际分工地位；发达国家中除了韩国外，其余四国均处于国际分工的中上位置。从图 3 的中高技术制造业 GVC 地位指数变化趋势上来看，中国在十国的排位当中始终处于倒数第一的位置。这主要由于中高技术制造业的发展是依靠科学技术驱动，拥有先进技术的国家可以生产出口技术复杂度高的零部件和核心部件产品，而这些中间品的生产属于产品内分工生产环节中高附加值环节，反观中国在此类制造业的核心零部件上则是大多依赖进口。以国内大型智能手机生产商为例，其生产的手机芯片都需进口，而这部分属于手机价值中最高的部分。

三 实证研究

(一) 跨国面板数据的实证研究

1. 计量模型设定

考虑到发展中国家经济发展水平相近,国内生产性服务业与制造业尚未发展到融合阶段,本文首先构建了 36 个发展中国家组成的跨国面板数据,从国家层面来验证生产性服务进口对发展中国家制造业国际分工地位提升的影响。结合本文样本数据的特点,设立了如下方程:

$$\ln gvc_{it} = c + \alpha_1 \ln ser_{it} + \alpha_2 \ln par_{it} + \alpha_3 \ln cap_{it} + \\ \alpha_4 \ln urb_{it} + \alpha_5 \ln str_{it} + \alpha_6 \ln fra_{it} + \varepsilon_{it} \quad (2)$$

其中,下标 i 表示国家, t 表示年份, ε_{it} 表示随机扰动项。被解释变量 $\ln gvc$ 是一国制造业 GVC 地位指数取对数,考虑到 GVC 地位指数有负值,本文先将其加 1 后再取对数。核心解释变量 $\ln ser$ 是对一国生产性服务进口额取对数。控制变量包括了制造业分工参与程度($\ln par$),以 GVC 参与指数①取对数表示。其他还包括固定资本($\ln cap$)、基础设施建设($\ln fra$)、经济发展水平($\ln urb$)、产业结构($\ln str$)等。跨国面板数据主要来自 TiVA 数据库和世界银行数据库。

考虑到中国《国民经济行业分类》以及《中国统计年鉴》中对生产性服务业的产业分类标准在 2004 年发生了较大变化,因而会导致统计口径发生较大差异。同时,各个国家的生产性服务业进口数据来自 WTO 数据库,而该数据库 2015 年《国际收支手册》由 BPM5 变更为 BPM6,并且 BPM6 将生产性服务业主要划分为运输服务、保险和养老金服务、金融服务、知识产权使用服务、电信、计算机和信息服务、其他商业服务。为了保持相关指标统计口径的一致,并与国内投入产出表中生产性服务业进行调整归类。本文首先将《中国统计年鉴》中关于

---

① 计算公式为: $GVC\_participation_{ir} = \dfrac{IV_{ir} + FV_{ir}}{E_{ir}}$。

生产性服务业的分类和 WTO 数据库中关于生产性服务业的分类进行合并调整，基于简易原则本文选择国内 2004 年以后划分标准下的生产性服务业与 BPM6 下的生产性服务业进行了匹配，共得到了五类生产性服务业的进口额，如表 1 所示。

表 1　　　　　　　　生产性服务业分类调整对照表

匹配后（本文）	《中国统计年鉴》（2004 年以后）	WTO 数据库
运输服务业	交通运输及仓储业、邮政业	运输服务
金融服务业	金融业	保险和养老金服务、金融服务
科技服务业	科学研究、技术服务和地质勘查业	知识产权使用服务
信息服务业	信息传输、计算机服务和软件业	电信、计算机和信息服务
其他商业服务业	租赁和商务服务	其他商业服务

2. 实证结果分析

本文根据 Hausman 检验结果选择固定效应模型，实证结果如表 2 所示。在逐个添加控制变量的过程中，核心解释变量始终表现为显著正效应。这说明发展中国家进口国外先进生产性服务业要素，对本国制造业国际分工地位起到了明显的促进作用。国内学者的相关实证研究，也得出了一致结果。例如，唐保庆等（2011）利用 90 个国家的面板数据，分析了不同类型的服务贸易进口是否对东道国带来 R&D 溢出效应，结果显示技术和知识密集型服务业贸易进口对东道国产生显著的 R&D 外溢效应。邓晶和张文倩（2015）利用 17 个国家的面板数据进行实证分析，发现生产性服务贸易进口对东道国制造业转型升级起到显著促进作用。

控制变量中的国内基础设施对制造业国际分工地位的回归系数为正值且显著，说明发展中国家相关基础设施的建设和完善，对本国制造业发展起到了促进作用。这主要是因为国内良好的基础设施，尤其是质量好的大型港口设施既可以节约国际货物运输费用增强本国产品在国外市场的竞争力，又能增加贸易往来，方便本国制造企业及时了解并学习国外先进技术，提高本国制造企业的创新能力。产业结构对发展中国家制造业国际分工地位起到负作用，这可能与发展中国家只重视制造业的规模化发展而忽视其他产业的协同发展有关。一国制造业的规模扩大并不代表该国制造业就处于全球价值链分工的高端位置。制造业参与程度对发展中国家制造业国际分工地位提升起到负向作用，本文认为可能与发达国家跨国公司主导的产品全球分工模式有关，因为发展中国家凭借丰富的劳动力和资源优势参与国际分工专门从事加工组装任务，从而会导致发展中国家制造业落入"比较优势陷阱"。至于国内固定资产形成额的回归系数为负值，这可能与发展中国家所处的经济发展阶段有关。因为绝大多数发展中国家都是由处于工业基础落后的经济不发达阶段向经济发达的工业化阶段转变的过程中，国内制造业生产力尚处于基础水平，发展中国家在扩大对外开放的时候会在短期内影响到本国制造业的出口竞争力。

表 2　　　　生产性服务进口影响发展中国家制造业国际分工地位的实证结果

变量	(1)	(2)	(3)	(4)	(5)	(6)
ln*ser*	0.0188 (1.62)	0.0340 *** (2.96)	0.0596 *** (3.67)	0.0535 *** (3.17)	0.0428 ** (2.47)	0.0337 * (1.92)
ln*par*		-0.834 *** (-8.51)	-0.826 *** (-8.62)	-0.822 *** (-8.60)	-0.774 *** (-7.94)	-0.805 *** (-8.15)
ln*cap*			-0.0594 ** (-2.34)	-0.0650 ** (-2.53)	-0.0488 * (-1.85)	-0.0461 * (-1.77)
ln*urb*				0.198 (1.29)	0.123 (0.77)	-0.0026 (-0.02)
ln*str*					-0.157 ** (-2.47)	-0.131 ** (-2.09)
ln*fra*						0.149 *** (2.65)

续表

变量	(1)	(2)	(3)	(4)	(5)	(6)
constant	-0.447 (-1.69)	-1.056*** (-3.88)	-0.197 (-0.43)	0.175 (0.33)	-0.179 (-0.32)	-0.281 (-0.51)
F 值		36.52	27.70	21.30	18.33	17.14
Hausman 检验 p 值	0.205	0.037	0.000	0.000	0.000	0.000
调整后的 R²	0.004	0.356	0.394	0.402	0.429	0.461
固定效应	N	Y	Y	Y	Y	Y

注：*、**、*** 分别表示 10%、5%、1% 的显著性水平。

（二）中国分行业面板数据的实证研究

跨国面板数据的实证结果表明，发展中国家进口生产性服务显著提升了本国制造业的国际分工地位。接下来将分析进口国外生产性服务对中国制造业国际分工地位的促进程度如何。

1. 计量模型设定

为了研究生产性服务进口对中国制造业国际分工地位的影响，设计了如下计量方程：

$$\ln gvc_{it} = a + \beta_1 \ln gvc_{i,t-1} + \beta_2 \ln fh_{it} + \beta_3 \ln par_{it} + \beta_4 \ln sca_{it} + \beta_5 \ln rd_{it} + \beta_6 \ln res_{it} + \beta_7 \ln fdi_{it} + \mu_i + \varepsilon_{it} \quad (3)$$

下标 i 和 t 分别表示细分制造产业和年份，gvc_{it} 表示中国细分制造业国际分工地位，fh 表示制造业使用的生产性服务进口量，par 表示制造业参与全球价值链的分工程度。sca 表示中国制造业行业规模，根据匹配后的制造业划分标准先算出 14 类制造业的年总产值和企业数，以年总产值除以企业数来表示制造业的行业规模。rd 表示制造业研发强度，测算出规模以上工业企业 R&D 项目经费支出额和主营业务收入，再将两者相除近似代替制造业的研发投入力度。res 表示制造业从业的科研人员数，借鉴张如庆等（2014）方法，用制造业科研人员全时当量表示①。fdi 表示制造业外资投入情况，以 14 类制造业中三资企业总资产占制造业企业总资产的比重表示。μ_i 表示不可观测的行业固定效应，ε_{it} 表示随机误差项。

2. 细分行业生产性服务进口量的测算

当前，测算中国制造业使用的生产性服务业进口量时，主要用的是两种指标。

第一种是在 Feenstra 等（1997，1999）基础上发展出的 FH 指数，该指数的计算公式为：$FH_{it} = \sum_j \left(\frac{X_{ij}}{Y_i}\right)\left(\frac{M_j}{P_j + M_j - E_j}\right)$，其中 X_{ij} 表示服务部门 j 对制造业 i 的中间投入，Y_i 表示制造业 i 的中间总投入量，M_j、P_j、E_j 分别表示服务部门 j 的总进口量、总产出量和总出口量。

另一种是 Daveri 和 Jona-Lasinio（2008）提出的 DJ 指数，该指数的计算公式为：$DJ = \sum_j \frac{m_i^j}{y_i}$，其中 m_i^j、y_i 分别表示制造业 i 第 j 种中间服务部门产品的进口投入和制造业 i 中间投入品总量。这两个指标都是要利用到国内投入产出表计算服务部门中间投入品进口占制造业中间投入总量的比重。FH 指数计算简单明了却存在"相似比例假定"的问题，而 DJ 指数可以克服这个问题但又因数据来源问题限制了其可推广性，所以国内学者大多偏爱于选择 FH 指数，如陈启斐和刘志彪（2013）等，故本文也选择 FH 指数作为测算中国制造业使用生产性服务进口量的指标。

为了提高计算的精度，得到更多制造业的数据，本文选择 2002 年、2007 年和 2012 年多部门的投入产出表。在具体测算中国制造业使用生产性服务进口量的指标之前，还要将按国际产业分类标准划分的制造业与按中华人民共和国国家统计局划分的制造业进行匹配，共得到 14 类

---

① 2005 年和 2008 年数据取自《中国工业经济统计年鉴》，2009—2011 年数据取自《中国科技统计年鉴》。

制造业①。最后将投入产出表中涉及的细分生产性服务业与前文已确定的 WTO 数据库中的生产性服务业进行匹配,得到五类生产性服务业。

表3　　　中国制造业分类标准和国际产业分类标准对照表

国际标准产业分类 (ISIC/Rev. 3.)	中国国民经济行业分类 (GB/T4754 - 2002)
C15T16（食品、饮料和烟草制造业）	农副食品加工业、食品制造业、饮料制造业、烟草制品业
C17T19（纺织、纺织品、皮革和鞋类）	纺织业、纺织服装、鞋、帽制造业、皮革、毛皮、羽毛（绒）及其制品业
C20（木材、木材和软木产品）	木材加工及木、竹、藤、棕、草制品业、家具制造业
C21T22（纸浆、纸、纸制品、印刷和出版）	造纸及纸制品业、印刷业和记录媒介的复制
C23（焦炭、精炼石油产品和核燃料）	石油加工、炼焦及核燃料加工业
C24（化工产品）	化学原料及化学制品制造业、医药制造业化学纤维制造业
C25（橡胶和塑料制品）	橡胶制品业、塑料制品业
C26（其他非金属矿产品）	非金属矿物制品业
C27（基本金属）	黑色金属冶炼及压延加工业、有色金属冶炼及压延加工业
C28（制造金属制品）	金属制品业
C29（机械设备制造业）	通用设备制造业、专用设备制造业
C30T33X（计算机、电子和光学设备制造业）	通信设备、计算机及其他电子设备制造业

---

① 由于废弃资源和废旧材料加工业在 2002 年投入产出表中生产性服务投入为 0，故本文将按国际标准产业分类的回收制造业剔除，同时，汽车，拖车和半挂车以及其他运输设备业与中国细分制造业不能很好匹配，所以本文直接将这两类归为交通运输设备业再与中国交通运输设备制造业匹配，这样就得到按国际标准产业分类的 14 类制造业。

续表

国际标准产业分类 （ISIC/Rev. 3.）	中国国民经济行业分类 （GB/T4754 – 2002）
C31（电气机械及仪器设备）	电气机械及器材制造业、仪器仪表及文化、办公用机械制造业
C34T35（交通运输设备）	交通运输设备制造业

表 4　　生产性服务业分类调整对照表

本文分类的生产性服务业	2002 年投入产出表	2007 年投入产出表	2012 年投入产出表
运输服务业	运输业、仓储业、邮政业	运输业、仓储业、邮政业	运输业、仓储业、邮政业
金融服务业	金融业、保险业	银行业、证券业和其他金融活动、保险业	货币金融和其他金融服务、资本市场服务、保险
科技服务业	科学研究事业、专业技术及其他科技服务业	研究与实验发展业、专业技术服务业	研究和实验发展、专业技术服务
信息服务业	信息传输服务业、计算机服务和软件业	电信和其他信息传输服务业、计算机服务业	电信和其他信息传输服务、软件和信息技术服务
其他商业服务业	租赁业、商务服务业	租赁业、商务服务业	租赁业、商务服务业

注：本文研究的样本区间为 2007—2011 年，为了尽可能提高指标测算的精度，本文利用 2002 年投入产出表的数据来计算 2007 年的 FH 指数，用 2007 年的投入产出表来计算 2008—2009 年的 FH 指数，用 2012 年投入产出表来计算 2010 和 2011 年的 FH 指数。

在计算 FH 指数时，我们必须先确定 P_j、M_j、E_j、X_{ij}、Y_i 五个指标的数值，生产性服务业的 P_j 值来自历年《中国统计年鉴》，生产性服务业的 M_j、E_j 来自 WTO 数据库。对于如何获得生产性服务业 j 对制造业 i

的中间投入量 X_{ij} 和制造业 i 中间总投入量 Y_i 数值，本文参考陈启斐和刘志彪（2013）的数据处理方法：对于 X_{ij} 的处理，利用2002年、2007年、2012年投入产出表中的数据，先计算出生产性服务业 j 对制造业 i 的中间投入占生产性服务业 j 总产出 P_j 的比重，再利用每年生产性服务业 j 的总产出乘以该比重，得到每年生产性服务业 j 对制造业 i 的中间投入量。对于 Y_i 的处理，也是利用投入产出表，先计算出制造业 i 的中间投入量占制造业 i 总产值的比重，再利用制造业 i 各年的总产值乘以该比重，得到每年制造业 i 的中间总投入量。按照上述方法，本文测算了中国14类制造业使用生产性服务业进口量的FH指数，具体如表5所示。

表5　　中国制造业使用生产性服务进口量的 FH 指数

产业	2007年	2008年	2009年	2010年	2011年
食品、饮料和烟草	0.0235	0.0207	0.0135	0.0159	0.0161
纺织、纺织品、皮革和鞋类	0.0191	0.0166	0.0119	0.0090	0.0100
木材和软木产品	0.0421	0.0238	0.0164	0.0165	0.0172
纸浆、纸、纸制品、印刷和出版	0.0300	0.0094	0.0069	0.0152	0.0166
焦炭、精炼石油产品和核燃料	0.0118	0.0114	0.0097	0.0077	0.0077
化工产品	0.0201	0.0210	0.0149	0.0166	0.0167
橡胶和塑料制品	0.0220	0.0117	0.0089	0.0127	0.0138
其他非金属矿产品	0.0284	0.0210	0.0149	0.0182	0.0182
基本金属	0.0117	0.0089	0.0082	0.0100	0.0098
制造金属制品	0.0253	0.0117	0.0093	0.0169	0.0183
机械设备制造业	0.0218	0.0151	0.0110	0.0151	0.0162
计算机、电子和光学设备	0.0120	0.0132	0.0105	0.0106	0.0116
电气机械及仪器设备	0.0160	0.0177	0.0123	0.0117	0.0126
交通运输设备	0.0163	0.0153	0.0098	0.0129	0.0143

资料来源：作者根据国内投入产出表计算得到。

3. 实证结果分析

本部分的计量检验采用系统 GMM 估计方法。表 6 中第 1—5 列分别表示运输进口（lnys）、金融进口（lnjr）、科技进口（lnkj）、信息进口（lnxx）、其他商业进口（lnzl）对中国制造业国际分工地位影响的回归结果。AR（2）p 值显示误差项不存在二阶序列相关，Sargan 检验的 p 值显示接受各方程工具变量有效性的假设，即模型设定是合理的且有效，各方程也都通过了 Wald 检验。从实证结果中可以得到以下结论。

运输进口对中国制造业国际分工地位的影响为正且通过 1% 的显著性水平检验，说明运输服务业进口对中国制造业国际分工地位有着显著的提升作用。因为国内发展尚不完善的物流体系增加了制造业产品的流通成本，削弱了国际市场的竞争力，而引进国外先进的物流体系、高效的物流组织管理服务、可替代劳动力的人工智能机器等，不仅降低了制造企业采购材料、组织大规模生产、成品各地运输的成本，而且通过知识外溢效应间接提升了国内运输服务业技术水平和服务能力，进一步降低了制造业企业产品的运输成本。科技进口能够显著提升中国制造业国际分工地位，这主要是由于当前中国制造业企业迫切需要转型升级而又面临原有技术水平落后的问题所致。中国大部分制造业企业短时期内难以通过自主创新实现技术升级，而进口国外先进科技服务要素，不仅能直接提升制造企业产品的技术含量，而且通过消化吸收国外已有技术，制造企业可以走由模仿到赶超的技术创新之路，逐步向全球价值链中两端高附加值环节攀升，进而提升制造业的国际分工地位。信息进口能够显著提升中国制造业国际分工地位，随着互联互通信息时代的到来，各企业都主动实施"互联网＋"的发展战略。虽然中国是信息发展大国，但是本国欠缺对于信息领域的核心技术和软硬件的供给能力，进口国外信息服务要素可以提高制造业企业的信息化水平，降低组织运营成本提高生产效率，获得更多的贸易附加值。虽然金融进口和其他商业进口的系数不显著，但是系数值为正值，因而本文认为其对中国制造业国际分工地位提升同样存在潜在的促进作用。

表6 五类生产性服务进口影响中国制造业国际分工地位的实证结果

变量	(1)	(2)	(3)	(4)	(5)
lngvc	0.124** (2.30)	0.217** (2.31)	0.309** (2.23)	0.257** (2.51)	0.297** (2.08)
lnys	0.0456*** (2.97)				
lnjr		0.0015 (0.46)			
lnkj			0.0241* (1.86)		
lnxx				0.0138*** (2.79)	
lnzl					0.0113 (0.90)
lnpar	0.232 (1.37)	0.292 (1.35)	0.424 (0.52)	0.242 (0.37)	0.525 (0.65)
lnsca	-0.0525*** (-3.31)	-0.0413*** (-2.82)	-0.0163 (-0.61)	-0.0088 (-0.38)	-0.0347 (-1.48)
lnrd	-0.0599*** (-7.57)	-0.0388*** (-3.30)	-0.0300 (-1.39)	-0.0349 (-1.63)	-0.0457** (-2.00)
lnres	-0.0248** (-2.19)	-0.0161 (-0.82)	-0.0287 (-0.69)	-0.0337 (-1.13)	-0.0303 (-0.96)
lnfdi	-0.0733 (-0.47)	0.103 (0.82)	0.120 (0.79)	0.173 (1.35)	-0.0282 (-0.12)
constant	0.345* (1.88)	0.233 (1.07)	0.612 (0.91)	0.591 (1.42)	0.426 (0.78)
Wald检验	814.34 (0.00)	167.86 (0.00)	93.72 (0.00)	278.59 (0.00)	60.67 (0.00)

续表

变量	(1)	(2)	(3)	(4)	(5)
AR（1）检验 p 值	0.0263	0.0726	0.02076	0.0906	0.0682
AR（2）检验 p 值	0.4063	0.1717	0.7912	0.5726	0.9955
Sargan 检验 p 值	0.9541	0.9281	0.8242	0.8195	0.7078

注：*、**、***分别表示10%、5%、1%的显著性水平。

四　结论

本文基于产业互动视角，分析了生产性服务进口对制造业分工地位的影响。文章首先利用 TiVA 数据库和 Koopman 提出的制造业国际分工地位测度方法，测算了10个国家 GVC 地位指数，发现中国 GVC 地位指数相对较小，中国制造业仍处于价值链低端。分别运用36个发展中国家组成的跨国数据以及中国细分行业数据展开实证检验，发现生产性服务进口促进了发展中国家制造业分工地位的提升；生产性服务业进口也能够促进中国制造业分工地位提升，其中，科技进口、信息进口以及运输进口的正面影响效应较大。

基于此，本文提出以下几点建议。

首先，积极鼓励生产性服务进口。理论上而言，生产性服务业通过产业关联、技术溢出、投入产出等路径促进制造业发展。然而，当前中国国内生产性服务业发展滞后，无法在短期内有效促进制造业转型升级，因此加大生产性服务的进口不仅是提升中国制造业国际分工地位的有效途径，也可以在"鲶鱼效应"带动下进一步激发中国生产性服务业的发展。

其次，大力发展国内生产性服务业。进口国外先进的生产性服务能够在一定程度上提升中国制造业国际分工地位，若要实现中国制造业整体向中高端提升，还必须要有国内先进的现代生产性服务业支撑。从长远来看，长期依靠进口国外先进的生产性服务，不仅会抑制本国生产性服务业的发展,还会导致国内制造业产生对国外生产性服务的依赖,出现"中兴事件"的不断上演。所以,中国要充分认识到国内生产性服务业的发展对本国经济发展的重要性,做好规划有意识地扶持本国尚未发展成熟的生产性服务业,比如给予该产业中企业一些税收减免等优惠政策,简化科学研究的成果转化和市场应用的流程等。

最后,坚持创新引领制造业发展。当前世界各国制造业国际分工地位的比较归根结底取决于创新能力。中国在短期成为制造大国,凭借的是国内丰富的劳动力和资源禀赋优势,而要实现制造强国则必须依靠创新。为此,中国需要营造崇尚创新、尊崇创新的氛围,激发全社会的技术创新热情。以创新带动技术升级,从而避免落入跟在发达国家身后搞被动研究或者重复性研究的陷阱之中。

参考文献

[1] 宾建成:《新国际分工体系下中国制造业发展方向与对策》,《亚太经济》2013年第1期。

[2] 陈启斐、刘志彪:《反向服务外包对我国制造业价值链提升的实证分析》,《经济学家》2013年第11期。

[3] 陈启斐、刘志彪:《生产性服务进口对我国制造业技术进步的实证分析》,《数量经济技术经济研究》2014年第3期。

[4] 蔡宏波、熊爱宗、李宏兵:《基于投入产出表的中国工业行业外包水平再计算》,《中国经济问题》2013年第3期。

[5] 戴翔、金碚:《服务贸易进口技术含量与中国工业经济发展方式转变》,《管理世界》2013年第9期。

[6] 邓晶、张文倩:《生产性服务贸易自由化对制造业升级的影响——基于全球价值链视角》,《云南财经大学学报》2015年第6期。

[7] 黎峰:《全球生产网络下的贸易收益及核算——基于中国的实证》,《国际贸易问题》2014年第6期。

[8] 刘志彪:《为什么我国发达地区的服务业比重反而较低?——兼论我国现代服务业发展的新思路》,《南京大学学报》(哲学·人文

科学·社会科学版）2011年第5期。

［9］李俊、马风涛：《中国制造业产品服务增加值的测算及其产出效应——基于世界投入产出表的研究》，《中南财经政法大学学报》2015年第6期。

［10］邱灵、申玉铭、任旺兵：《国内生产性服务业与制造业互动发展的研究进展》，《世界地理研究》2007年第3期。

［11］李玮、闫俊花：《全球价值链分工背景下我国产业升级的应对之策》，《经济与管理》2017年第1期。

［12］裴长洪：《先进制造业与现代服务业如何相互促进》，《中国外资》2010年第10期。

［13］樊秀峰、韩亚峰：《生产性服务贸易对制造业生产效率影响的实证研究——基于价值链视角》，《国际经贸探索》2012年第5期。

［14］裴长洪：《我国现代服务业发展的经验与理论分析》，《中国社会科学院研究生院学报》2010年第1期。

［15］邱爱莲、崔日明、徐晓龙：《生产性服务贸易对中国制造业全要素生产率提升的影响：机理及实证研究》，《国际贸易问题》2014年第6期。

［16］唐海燕、张会清：《中国在新型国际分工体系中的地位——基于价值链视角的分析》，《国际贸易问题》2009年第2期。

［17］唐海燕、张会清：《产品内国际分工与发展中国家价值链提升》，《经济研究》2009年第9期。

［18］王辉：《生产性服务业对制造业效率的影响研究——基于产业创新视角的实证分析》，《当代经济管理》2015年第8期。

［19］肖国安、张志彬：《生产性服务业发展对我国工业转型升级的影响：基于城市面板数据的实证分析》，《中国科技论坛》2012年第9期。

［20］杨文芳、刘海泳：《产品内国际生产分工与中国服务业发展》，《江汉论坛》2015年第8期。

［21］尹彦罡、李晓华：《中国制造业全球价值链地位研究》，《财经问

题研究》2015 年第 11 期。

[22] 卓泓良：《反向服务外包对中国制造业产业升级影响探析》，《现代商贸工业》2016 年第 26 期。

[23] Feenstra, R. C. and Hanson G. H., "The Impact of Outsourcing and High-technology Capital on Wages: Estimates for the United States, 1979–1990", *The Quarterly Journal of Economics*, 1999, 114 (3): 907–940.

[24] Hausmann, R. and Klinger, B., "Structure Transformation and Patterns of Comparative Advantage in the Product Space", CID Working Paper, 2006.

[25] Koopman, R., Powers, W., Wang, Z. and Wei, S.-J., "Give Credit to Where Credit is Due: Traning Value Added in Global Production", NBER Working Paper, No. 16426, 2010.

[26] Koopman, R., Wang, Z. and Wei, S.-J., "Estimating Domestic Content in Exports When Processing Trade Is Pervasive", *Journal of Development Economics*, 2012, 99 (1): 178–189.

[27] Feenstra, R..C. and Wei, S.-J., "Introduction to China's Growing Role in World Trade", NBER Working Paper, No. 14716, 2009.

The Influence of the Import of Productive Services on Promoting the International Division of Labor in China's Manufacturing Industry

Abstract: Using Tiva database and the measure method of international division of labor in manufacturing industry by Koopman, this paper calculates the GVC status index and makes a multinational comparison, which finds that China's manufacturing industry is still in the low-end position of international division of labor. Using transnational data of thirty-six developing countries and the data of China's subdivision industry to carry out empirical test, It finds that the import of productive services promote the division status of manufacturing industry in developing countries. In the process of promoting the promotion of the division of labor in China's manufacturing industry, the positive effect of import of technology, import of information and import of transportation is greater.

Keywords: Global value chain; International division of labor; Import of productive services

中国高技术产业技术创新效率的区域差别比较研究

——基于三阶段 DEA 模型的实证分析*

肖奎喜[①]　王瑞良[②]

摘　要：本文运用三阶段 DEA 模型对中国高技术产业技术创新效率的区域性及影响因素进行研究。研究结果表明，中国高技术产业技术创新效率存在明显的区域差异，呈现出由东部地区往中部、东北、西部地区逐渐递减的现象。在环境影响因素方面，市场结构对技术创新效率具有正向作用，政府研发支持、所有制结构、企业规模、地理位置四个因素对创新效率的提高具有不利影响，而出口强度对创新效率具有正反两个方向的影响。

关键词：高技术产业；技术创新效率；区域差异；地区出口强度

---

* 项目支持：2016 年国家社会科学基金重大项目"打造陆海内外联动，东西双向开放的全面开放新格局研究"，项目号 15ZDC017；2016 广东省软科学项目：经济新常态下促进广东金融业与科技产业深度融合的体制机制研究，项目号 2016A070705058（主持人：肖奎喜）；2015 广东省软科学重点项目："广东建设一带一路科技合作圈的重点领域及战略研究"，项目号 2015A070703019（主持人：何传添，肖奎喜）。

① 广东外语外贸大学经济贸易学院教授、博士、副院长。
② 广东外语外贸大学硕士研究生。

一 引言

新常态下，中国实施了创新驱动发展战略，以期通过科技创新来促进产业结构的全面升级。高技术产业是以高新技术为基础的知识密集型、技术密集型产业，其产品的开发具有很强的专业性，难度大、风险高，但一旦开发成功将使企业获得在该领域的技术优势，创造出更高的经济和社会效益。进入 21 世纪以来，中国高技术产业一直保持着较强的增长活力，市场规模不断扩大，发展的质量和效益也不断提升，对中国经济增长起到越来越大的促进作用。与此同时，中国地区高技术产业的发展却面临着诸多问题，一方面，高技术产业发展的区域差异越来越大，这在中国产业升级的过程中可能成为拉大区域差距的重要影响因素；另一方面，中国高技术产业的发展却受到诸多因素的影响，从而制约了中国高技术产业的进一步发展。因此，有必要对中国高技术产业的区域差异性进行研究。高技术产业的最大特点就是技术创新，因此，从技术创新效率的角度对中国高技术产业发展的区域性及影响因素进行研究就有着重要的现实意义。

国内学者主要是使用数据包络分析法（DEA）和随机前沿分析法（SFA）对中国高技术产业的技术创新效率及其影响因素进行研究。在随机前沿分析法方面，刘云和杨湘浩（2012）研究了中国高技术产业在 1998—2008 年的研发效率；杨青峰（2013）延长了时间年限，研究了中国高技术产业在 1995—2008 年的研发创新效率；高晓光（2015）则研究了中国高技术产业在 2008—2013 年创新效率的时间演变及空间分布特征。在数据包络分析法方面，运用较多的是两阶段 DEA 分析方法。郑坚和丁文龙（2008）使用基于产出导向 BCC 模型研究了中国高技术产业在 2001—2005 年的两阶段效率；余泳泽（2009）使用基于松弛变量的 DEA 模型研究了中国高技术产业在 1995—2007 年的两阶段效率；肖仁桥等（2012）使用嵌入式关联 DEA 模型研究了中国高技术产业在 2005—2009 年的两阶段效率；宇文晶等（2015）运用两阶段串联 DEA 模型研究了中国高技术产业在 2004—2011 年的技术效率及影响因素。在三阶段 DEA 模型方面，刘伟和李星星（2013）使用三阶段 DEA 模型研究了中国高技术产业在 2009 年的技术创新效率及影响因素；杨青峰（2014）基于同样的方法研究了中国高技术产业在 2012 年的创新效率及影响因素。可以看出，国内学者对中国高技术产业的区域创新效率进行了较为全面的研究。但是，在技术创新效率研究方面更具优势的三阶段 DEA 模型的运用却相对较少，且以往学者仅对过去某一年的效率和影响因素进行研究，未能反映效率的变化情况。因此，本文着重于对金融危机以来中国高技术产业的技术创新效率的区域性及其影响因素进行研究。

二 三阶段 DEA 方法

三阶段 DEA 模型是 Fried 等（2002）提出的、用于评价决策单元相对效率的模型之一，其与其他 DEA 模型的区别在于其能够剔除环境影响因素和随机误差因素的影响，因而更能反映决策单元间的相对技术效率。第一阶段，运用 DEA 模型对中国高技术产业的技术创新效率进行初次估计，这一阶段所测的效率值包含了环境因素和统计噪声的影响，并不能反映各地区高技术产业技术创新效率的真实水平和差异，因此还需作进一步的调整和测算。第二阶段，运用随机前沿分析法（SFA）对投入松弛变量与各种影响因素的关系进行分析，将管理因素、环境因素和随机误差等从投入松弛的影响因素中分离出来，从而对投入值进行调整，为第三阶段得到不受环境因素及随机误差影响的效率值做铺垫。第三阶段，再次运用 DEA 模型进行分析，从而得到剔除环境影响和随机干扰的技术效率值。

三 变量和数据

（一）创新投入和创新产出变量

1. 技术创新的产出指标

创新的含义不仅仅局限于具体的 R&D 创新活动上，更体现在创新成果商业价值的实现过程中，因此企业创新产出既包括具体的 R&D 成果又包括其市场收益。因此，本文选取新产品销售收入和专利申请数作为高技术产业创新产出的两个指标。同时，为了剔除价格波动的影响，这里使用工业品出厂价格指数将各期新产品销售收入的名义值折算成以 2009 年为基期的实际值。

2. 技术创新的投入指标

在投入要素方面，研发资金和研发人员是创新活动过程中的两个关键要素，两者规模的大小直接反映了技术创新的规模，也体现了技术创新的能力，从而在很大程度上决定了技术创新的效率，因此研发经费支出和研发人员数量应作为创新投入的两个指标。此外，部分学者认为，新产品开发经费支出也是影响创新产出的重要因素，对技术创新效率有着直接的影响，也应作为创新活动的投入要素。

事实上，创新活动也是一种知识生产活动，且知识是一种累积的要素，因此，创新产出不仅取决于 R&D 要素的当期投入流量，而且还依赖于以往各期的 R&D 投入剩余量在当期的积累，所以创新的实际投入量比当期 R&D 投入要大得多，是一种 R&D 经费存量。因此，当期的研发经费支出、新产品开发经费支出、和 R&D 人员数应当分别换算成研发资本存量、新产品开发经费存量和研发人员全时当量。对于研发人员全时当量，《中国高技术产业年鉴》中已经给出，可以直接得到；而对于以 R&D 资本存量和新产品开发经费存量的计算，这里采用永续盘存法（吴延兵，2006）进行估计。此外，对于研发经费支出和新产品开发经费支出的实际值，我们用工业品出厂价格指数将各期的研发经费支出和新产品开发经费支出按名义值折算成 2009 年实际值。

（二）环境变量

高技术产业创新效率的环境变量是对其产生影响但又不在样本可控范围内的环境因素，它们既包括宏观经济环境、政府政策等总体环境，也包括企业规模、地理位置、进出口等行业特征因素。

1. 政府研发支持

科技政策是政府为了促进科技发展而采取的集中性和协调性的措施，其根本目的是实现经济增长、社会进步、环境改善等区域发展目标，是科学技术与区域发展的有机结合，因此，政府的研发支持对产业发展具有重要的影响。但在政府支持与产业效率的关系上，学者们都认为政府支持对技术创新效率具有重要影响，但却存在着争论（岳松、庄瑜，2010；李左峰、张铭慎，2012；李爽，2016）。本文选取研发经费内部支出中政府资金占研发经费内部支出的比重作为环境变量之一，研究政府研发支持对高技术产业技术创新效率的影响。

2. 市场结构

一些学者认为，与垄断市场相比，竞争性的市场结构允许更多的企业进入相关的产业和产品市场，促进更多的企业通过技术创新来提高竞争力，更具创新激励性（Williamson，1965；Mukhopcdhyay，1985；白俊红，2011）；但一些学者的实证研究结果却表明，高产业集聚度的市场结构与技术创新才具有正相关关系（Arrow，1962；杨青峰，2014；高晓光，2016）；此外，还有学者认为市场结构与创新激励之间没有显著关系（Pavitt等，1987）。总体而言，大多数学者都支持市场结构特征对技术创新产生影响的观点，只是对于影响的方向存在争议。因此，本文选取制造业企业数中高技术企业数的比重来表征市场结构变量。

3. 所有制结构

国有企业和非国有企业面临不同的市场环境和竞争条件，这是中国产业发展过程中不争的事实。对于所有制结构和技术创新效率的关系，研究者们的观点较为一致，即大多认为非国有企业比国有企业具有更高的创新效率（Zhang等，2003；俞立平，2007；吴延兵，2012）。也有学者提出了不同的看法，认为国有企业虽然总体上是低效率的，但在某些行业的创新绩效显著高于民营企业，说明国有企业也可以具有很好的创新效率（李政、陆寅宏，2014）。本文选取国有高技术企业资产总额与所有高技术产业资产总额的比例来代表高技术产业的所有制结构因素。

4. 企业规模

企业规模与技术创新之间的关系问题是学术界一直争论的焦点之一。大企业虽然具有强大的研发实力和抗风险能力，但其可能过于依赖其规模优势，导致其在技术创新方面动力不足；而小企业尽管资金相对匮乏，且抗风险能力较弱，面临更大的市场竞争压力，但这些不利因素却迫使其通过技术创新来提高自身的竞争力，从而更具创新动力，且小企业组织结构较灵活、行政控制较弱等特点也使其可能更具创新优势。因此，不同的学者的实证研究也得出了不同的结论，有正相关关系（桂黄宝，2014；杨善奇、谈镇，2015；高晓光，2016）、负相关关系（Freeman 等，1997）、倒 U 形关系（Acs 等，1987；吴延兵，2008）。因此，本文以地区高技术产业主营业务收入与企业数的比值作为企业规模变量，从效率层面研究企业规模与技术创新之间的关系。

5. 出口强度

出口是拉动经济增长的三驾马车之一，而其对于技术创新的作用也受到学界的关注和研究。部分学者认为，出口对于技术创新具有"学习效应"（Wagner，2007；Keller 等，2009）、"互补效应"（Aw 等，2011）等激励作用。另一些学者则认为企业出口对其技术创新并不起促进作用。因为开拓国际市场的高额成本使得多数企业不具备参与国际竞争的能力，而进入国际市场的企业可能本身就是创新能力较强、生产率较高的企业，而不是出口导致其创新能力的提高（Melitz，2003；张杰等，2008）。在高技术产业方面，随着中国经济开放度的增大，高技术产品进出口规模越来越大，出口强度的提高可能对中国高技术产业技术创新效率产生越来越大的影响，因此本文将高技术产业出口强度作为影响因素之一。

6. 地理位置

中国各区域在经济和社会发展方面存在着明显的差异，包括投资环境、创新氛围、资源要素等多方面的差异，这些差异可能对各地区的技术创新效率产生影响。Keller（2002）、师萍等（2011）、黄晗（2013）等的研究发现，研发创新效率具有显著的空间相关性，而杨青峰（2013）研究发现地理位置与高技术产业的技术创新效率呈正相关关系。技术创新的空间相关性可能导致了创新效率上的差异，位于东部沿海地区的省份更为靠近港澳台以及韩日等发达国家和地区，这或许是导致东部地区与中西部等地区技术创新效率差异的原因之一。本文使用的变量及其描述如表1所示。

表1　　　　　　　　　　变量及其描述

指标类型	变量	单位	定义
创新产出	新产品销售收入	万元	以2009年为基期值进行换算
	专利申请量	件	
创新投入	研发经费支出	万元	用永续盘存法转换为研发资本存量
	新产品开发经费支出	万元	用永续盘存法转换为新产品开发经费存量
	研发人员数	人	研发人员全时当量
影响因素	政府研发支持	1	研发经费内部支出中政府资金/研发经费内部支出额
	市场结构	1	高技术企业数/制造业企业数
	所有制结构	1	国有高技术企业资产总额/所有高技术产业资产总额
	企业规模	万元/每企业	高技术产业主营业务收入/企业数
	出口强度	1	高技术产品出口值/地区出口总额
	地理位置	1	东部地区为1，其他地区为0

（三）测度样本和数据

本章从EPS数据库中选取中国高技术产业的相关数据，对中国27个省（市、区）的面板数据进行实证研究，而海南、西藏、青海、宁夏4省（区）的数据较为缺乏，因此未进行分析。另外，在进行区域划分方法上，国家统计局从2011年开始将中国的经济区域划分为东部、中部、西部和东北四个地区。因此，本文采用同样的区域划分方法，将27个省（市、区）划分为东、中、西、东北地区。东部地区包括北京、河北、天津、江苏、浙江、上海、福建、山东、广东9个省（市），中部地区包括山西、安徽、江西、河南、湖北、湖南6个省，西部地区包括内蒙古、广西、重庆、四川、贵州、云南、陕西、甘肃、新疆9个省（市、区），东北地区包括辽宁、黑龙江、吉林3个省份。

四 实证结果分析

（一）第一阶段 DEA 效率值的差异性分析

运用软件 DEAP2.1 基于 BCC 模型对各省（市、区）高技术产业的技术创新效率进行测算。通过对 DEAP2.1 运行结果的整理得到了各省（市、区）高技术产业在2009—2015年间的综合技术效率值（TE）、纯技术效率值（PTE）和规模技术效率值（SE），进而得到东部、中部、东北和西部地区的效率平均值及变动情况，如表2和图1所示。

表2　第一阶段高技术产业技术创新综合效率（TE）估计结果

效率类型	年份	2009	2010	2011	2012	2013	2014	2015
综合技术效率（TE）	总体均值	0.587	0.731	0.658	0.667	0.682	0.684	0.61
	东部均值	0.689	0.803	0.703	0.764	0.694	0.748	0.623
	中部均值	0.481	0.751	0.642	0.679	0.775	0.719	0.678
	西部均值	0.614	0.768	0.693	0.626	0.66	0.648	0.608
	东北均值	0.41	0.365	0.454	0.473	0.527	0.528	0.445
纯技术效率（PTE）	总体均值	0.73	0.752	0.749	0.772	0.768	0.74	0.684
	东部均值	0.867	0.848	0.835	0.848	0.829	0.836	0.793
	中部均值	0.666	0.758	0.68	0.727	0.795	0.741	0.688
	西部均值	0.715	0.78	0.798	0.811	0.758	0.713	0.641
	东北均值	0.492	0.371	0.483	0.518	0.561	0.533	0.476

续表

效率类型	年份	2009	2010	2011	2012	2013	2014	2015
规模技术效率（SE）	总体均值	0.803	0.973	0.888	0.881	0.9	0.924	0.907
	东部均值	0.79	0.947	0.848	0.906	0.847	0.9	0.813
	中部均值	0.747	0.991	0.943	0.944	0.974	0.959	0.982
	西部均值	0.841	0.983	0.874	0.8	0.889	0.901	0.942
	东北均值	0.836	0.987	0.94	0.92	0.942	0.991	0.939

资料来源：软件 DEAP2.0 运算得到的各省效率值整理。

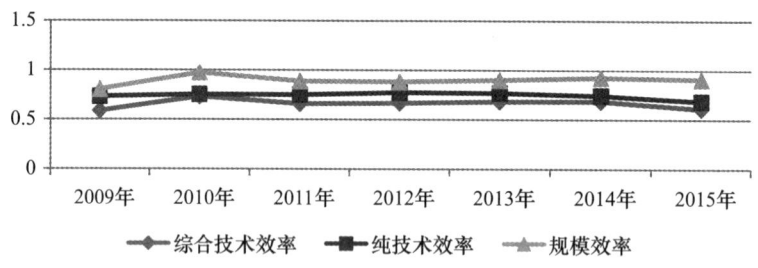

图1 第一阶段高技术产业的技术创新效率值

资料来源：软件 DEAP2.0 运算得到的各省效率值整理。

1. 第一阶段中国高技术产业技术创新效率值及变动情况

从表2和图1可知，2009—2015年，中国高技术产业的技术效率值在波浪变化中。从总体上看，综合效率值从2009年的0.587增长到2015年的0.61，增长了3.9%；纯技术效率从2009年的0.73降到2015年的0.684，下降了6.3%；规模效率从2009年的0.803增长到2015年的0.907，增长了13%。同时，综合效率值在0.684—0.772，纯技术效率值在0.556—0.797，规模效率值在0.803—0.973，纯技术效率值普遍低于规模效率值，效率值主要由规模效率带动，纯技术效率值具有较大的改进空间。因此，中国高技术产业这7年的技术效率稍微有所增长，这主要归功于规模效率的增长。

2. 第一阶段高技术产业的区域差异

从区域上看，中国各地区高技术产业的技术创新效率也存在着明显的差异，如表2所示。在综合效率方面，中、东、西及东北地区存在较大的差异，东部地区的效率值在0.623—0.803，中部地区的效率值在0.481—0.775，西部地区的效率值在0.608—0.768，东北地区的效率值在0.365—0.528；在纯技术效率方面，东部地区的效率值在0.793—0.867，中部地区的效率值在0.481—0.775，西部地区的平均值在0.641—0.811，东北地区的效率值在0.371—0.561。

3. 第一阶段高技术产业区域差异的初步分析

可以看出，东、中、西及东北部地区在综合效率、纯技术效率和规模效率方面都存在明显的差异，这种差异既体现在效率值上又体现在增长率上。在综合效率方面，东部地区的效率值都高于西部地区，西部地区的效率值都高于东北地区，而中部地区效率值波动较大但也都高于东北地区；在纯技术效率方面，东部地区的效率值都高于中部和西部地区，中部和西部地区的效率值都高于东北地区，中部和西部地区的效率值在不同的年份各有偏重；在规模效率方面，各地区的效率值差距较小，波动幅度也都较小。同时，各地区高技术产业的效率值波动性较大，并未呈现出连续增长的趋势。

以上就是第一阶段DEA测算结果的描述，可以看出，中国高技术产业的技术创新效率存在着明显的区域差异，但这一阶段所测的效率值可能包含了环境因素和统计噪声的影响，并不能反映各地区高技术产业技术创新效率的真实水平和差异，因此还需作进一步的调整和测算。

（二）中国高技术产业技术创新效率区域差异影响因素的实证分析

第一阶段DEA的测算并没有排除环境因素和统计噪声对技术效率的影响，因此，第二阶段主要是为了除去这些影响因素的干扰。在第一阶段的DEAP2.0软件输出结果中，我们还得到了研发经费、新产品开发经费和研发人员三种投入变量的松弛变量。在第二阶段，分别以这三种投入的松弛变量作为解释变量，以政府研发支持、市场结构、所有制结构、企业规模、出口强度、地理位置等为自变量建立 SFA 回归模型。其中，政府研发支持变量以研发经费内部支出中政府资金的比重来表示，市场结构变量以制造业企业数中高技术企业数的比重来表示，所有制结构变量以高技术产业资产总额中国有高技术企业所占的比重来表示，企业平均规模变量以地区高技术企业主营业务收入与企业数的比值来表示，出口强度变量以出口交货值与主营业务收入的比值来表示，地理位置变量则以东部地区取值为 1，其他地区取值为 0。使用软件 Frontier 4.1 进行回归估计，得到结果如表 3 所示。

表3　　　　　　　　　第二阶段 SFA 估计结果

变量	研发经费松弛变量	新产品开发经费松弛变量	研发人员松弛变量
常数项	108291.57 *** (1.00)	237955.21 *** (1.00)	6961.598 *** (914.06)
政府研发支持	2230101.6 *** (1.00)	2339732.4 *** (1.00)	8109.992 *** (194.39)
市场结构	−3566932.4 *** (1.00)	−4036131.3 *** (1.00)	−33603.208 *** (77.18)
所有制结构	2991.521 *** (1.00)	57998.56 *** (1.00)	3546.264 *** (174.36)
企业规模	94575.061 *** (1.00)	65329.028 *** (1.00)	273.795 (205.27)
出口强度	−72165.013 *** (1.00)	664036.73 *** (1.00)	996.861 (623.31)
地理位置	308203.06 *** (1.00)	287037.8 *** (1.00)	2806.714 *** (620.57)
σ^2	185353070000 *** (1.00)	357172150000 *** (1.00)	37620864 *** (1.07)
γ	0.632 *** (0.04)	0.732 *** (0.03)	0.706 *** (0.03)

续表

变量	研发经费松弛变量	新产品开发经费松弛变量	研发人员松弛变量
对数似然函数	-2647.982	-2685.499	-1835.614
单边误差检验值	39.005	65.707	50.374

注：*、**、***分别表示在10%、5%、1%显著性水平上显著；括号内为标准差。

表3所示，第二阶段SFA模型估计结果的σ^2和γ值等都通过了t检验，各自变量对三种投入松弛值的系数也大都通过了t检验，这表明各项环境因素对中国高技术产业技术创新效率存在显著影响，此外，γ分别为0.632、0.732、0.706，都大于0.5，说明管理无效率也是导致各投入要素松弛的主要原因，而随机因素对投入松弛也有较大的影响，因此有必要再剔除环境因素和随机因素的影响，进行第三阶段的DEA分析。

松弛变量是多投入多产出模型下必然出现的，但可通过改善经营管理水平来使投入要素松弛减小。若某个环境变量与投入松弛变量呈正相关关系，则说明该环境变量指标的增加将不利于技术创新效率的提高；反之则提高技术创新效率。从表3可得出以下结论。

（1）政府研发支持与三种投入要素的松弛变量都呈显著的正相关关系，说明政府研发支持对三种创新投入要素的有效配置产生了不利影响。这表明政府研发支持的强度越大，越不利于高技术产业技术创新效率的提高。政府研发支持的出发点是为了促进产业发展，但结果却产生了不利影响。之所以出现这样的结果，原因可能是政府对高技术产业的干预挤占了私人投资，导致整个高技术产业的研发不足，影响了整个产业的发展；也可能是政府干预加强了研发资源的竞争，导致研发成本的上升；也可能是政府对企业的资助没有落到实处，而政府对此也缺乏有效的监管，导致研发资金流向非研发领域，造成了资源的重复和浪费，从而导致政府研发资助对技术创新效率产生了不利影响。

（2）市场结构与三种投入要素的松弛变量都呈显著的正相关关系，

说明市场结构对三种投入要素松弛的减小具有积极的影响。这表明规模以上工业企业中高技术产业企业比重的增加有利于减少创新资源的浪费，促进创新资源的有效配置，从而提高高技术产业的技术创新效率。不管是在小规模下的比重增加，还是大规模下的比重增加，这都体现了高技术企业在数量上的增加。高技术企业比重的增加产生了两个方面的影响，一方面，通过外部效应提升区域内的投资环境，吸引更多的创新型企业的进入；另一方面，高技术产业是技术和知识密集型产业，产业内部各子行业虽有所区别，但由于具有较强的关联性，使得子行业之间的技术扩散、人才流动、信息交流更加频繁和有效率。因此，市场结构通过对投资环境和创新环境方面的改善，使得高技术产业的技术创新效率得到了提高。

（3）所有制结构与三种投入要素的松弛变量都呈显著的正相关关系，说明中国高技术产业所有制结构的对三种创新投入要素的有效配置产生了不利影响。也就是说，高技术产业中国有企业份额的提高不利于创新资源的有效配置，从而阻碍了高技术数产业技术创新效率的提高。所有制不同的企业具有不同的创新倾向，从而导致了不同的创新效率。对于国有企业技术创新的低效率，这可能是由于以下原因造成的。一方面，国有企业由于存在产权界定、委托代理等方面的问题导致其技术创新缺乏有效的激励机制，从而对整个产业的技术创新效率的提高造成了拖累效应；另一方面，国有企业创新激励机制的缺乏导致其在技术创新过程中偏向于技术引进而轻视技术消化吸收和再创新，从而导致其技术创新的低效率。由于国有企业在产权和运行模型上的缺陷，其在高技术中比重的增加制约了中国高技术产业技术创新效率的提高。

（4）企业规模与三种投入要素的松弛变量都呈正相关关系，但只有对研发经费松弛变量和新产品开发经费松弛变量才显著为正，这表明企业规模过大对高技术产业的创新效率产生了不利影响。原因可能是由于企业规模的过大导致了其管理控制能力的降低，或者导致了过度的官僚控制等现象的出现，这些都会导致企业内耗增加，进而导致了其技术创新效率的下降。高技术产业创新效率的提高应具有一个最优规模，过大或者过小的规模都将不利于技术创新效率的提高。一方面，企业要想进行技术创新，必须有较大的企业规模做支撑，过小的企业技术创新过程中常常会受到各种约束；另一方面，过大的企业由于信息传递缓慢、组织机构僵化、官僚作风等问题导致技术创新效率的低下。

（5）地区出口强度与研发松弛变量呈负相关关系，与新产品开发经费松弛变量和研发人力投入松弛变量呈正相关关系，但是只对研发经费松弛变量和新产品开发经费松弛变量的系数才显著为正。也就是说，一方面，地区出口强度越大，越有利于研发松弛变量的减小，减少创新资源的冗余，从而有利于高技术产业技术创新效率的提高；另一方面，地区出口强度越大，越不利于新产品开发经费松弛变量的减小，从而拖累了高技术产业技术创新效率的提高。本文从投入要素角度研究了出口的影响，这种现象的可能解释为：一方面，出口强度越大，与外界进行更多的技术交流，获取更多的先进技术，减少研发投入成本，有利于研发松弛变量的减小；另一方面，出口强度越大，受到国内外的竞争越大，迫使企业在新产品开发上的投入更多，从而导致了更大的新产品开发经费松弛变量。

（6）在本研究中，地理位置与研发经费松弛变量、新产品开发经费松弛变量和研发人员松弛变量都成显著的正相关关系，说明东部地区的对于这三项投入松弛变量的减小具有不利影响。也就是说，相对于中西部地区，东部地区创新资源的投入存在更大的冗余，从而拉低了该地区的技术创新效率。这种结果的原因可能是：一方面，东部地区大多为发达的沿海省份，其产业资金和劳动力充足，因此对产业技术创新的投入可能过大；另一方面，从区域差异来看，东部地区高技术产业的技术效率高于中、西、东北等地区，但由于知识和技术的空间溢出性，东部地区的知识和技术向其他地区溢出，使得其他地区的追赶效应比较明显。

（三）第三阶段 DEA 效率值的分析

第三阶段，使用第二阶段调整后的投入变量和原始产出变量数据，再次借助DEAP2.1软件进行类似于第一阶段的DEA分析，得出第三阶段的综合效率值（TE）、纯技术效率值（PTE）和规模效率值（SE）及其变化情况如表4和图2所示。

表4　第三阶段高技术产业技术创新综合效率（TE）估计结果

效率类型	年份	2009	2010	2011	2012	2013	2014	2015
综合技术效率（TE）	总体均值	0.36	0.349	0.374	0.42	0.487	0.494	0.564
	东部均值	0.773	0.762	0.719	0.773	0.814	0.788	0.836
	中部均值	0.254	0.28	0.327	0.38	0.547	0.578	0.689
	西部均值	0.134	0.11	0.155	0.19	0.219	0.233	0.305
	东北均值	0.151	0.125	0.185	0.212	0.243	0.263	0.299
纯技术效率（PTE）	总体均值	0.995	0.991	0.993	0.989	0.987	0.985	0.986
	东部均值	0.998	0.993	0.996	0.994	0.988	0.985	0.99
	中部均值	0.993	0.985	0.984	0.982	0.979	0.974	0.976
	西部均值	0.993	0.992	0.995	0.99	0.991	0.989	0.986
	东北均值	0.991	0.988	0.993	0.989	0.992	0.994	0.992
规模技术效率（SE）	总体均值	0.362	0.352	0.376	0.424	0.494	0.502	0.572
	东部均值	0.775	0.767	0.722	0.778	0.823	0.799	0.843
	中部均值	0.187	0.204	0.283	0.347	0.533	0.575	0.694
	西部均值	0.136	0.111	0.156	0.193	0.222	0.236	0.31
	东北均值	0.152	0.126	0.186	0.214	0.245	0.263	0.301

资料来源：软件DEAP2.0运算得到的各省效率值整理。

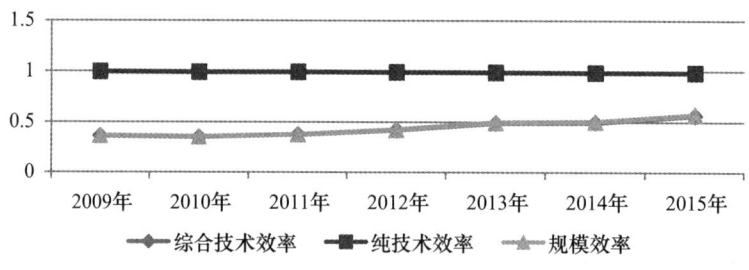

图2　第三阶段高技术产业技术创新效率值

1. 中国高技术产业技术创新效率的总体情况

表4可知，在2009—2015年的7年间，综合技术效率的平均值为0.349—0.564，纯技术效率平均值为0.986—0.995，规模效率平均值为0.352—0.572，与第一阶段的效率值相比，第三阶段的效率值有所降低。其中，纯技术效率值有所提高，但规模效率值显著降低，说明规模效率差异是导致综合效率差异的主要原因，规模效率的低下导致了综合效率的低下。从效率的变化情况上看，从图2可知，综合效率值和规模效率值的变化曲线基本重合，都呈现出逐年增长的趋势（除了2010年稍微有所下降），综合效率值从2009年的0.36增长到2015年的0.564，增长了56.7%；规模效率从2009年的0.362增长到2015年的0.572，增长了58%；但纯技术效率值的波动较大，甚至有所降低，从2009年的0.995降到2015年的0.986，降低了9%。这说明，纯技术效率虽具有较高水平，但其效率值的降低也不利于综合效率的提升。因此，中国高技术产业的规模效率具有较大的提升空间，纯技术效率也需要不断的改进。

2. 高技术产业的创新效率的区域差异

与第一阶段的DEA效率值相比，第三阶段的效率值的区域差异性更加显著，如图3、图4、图5所示。

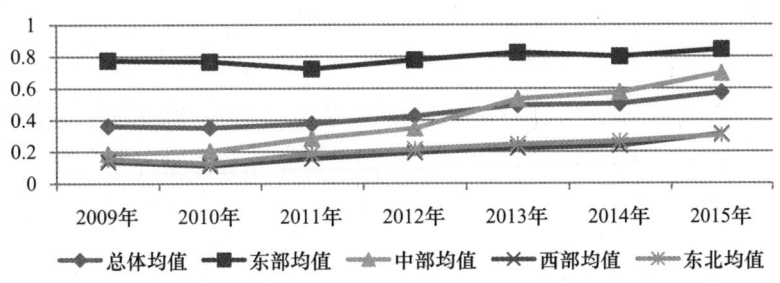

图3 第三阶段各地区高技术产业平均综合效率值（TE）估计值

可以看出，经过环境因素和随机误差因素调整后，中国高技术产业技术创新效率的区域性更加明显，且这种差异主要体现在规模效率上。

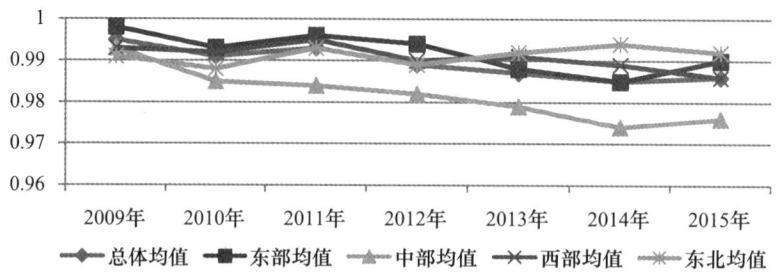

图 4　第三阶段各地区高技术产业平均纯技术效率值（PTE）估计值

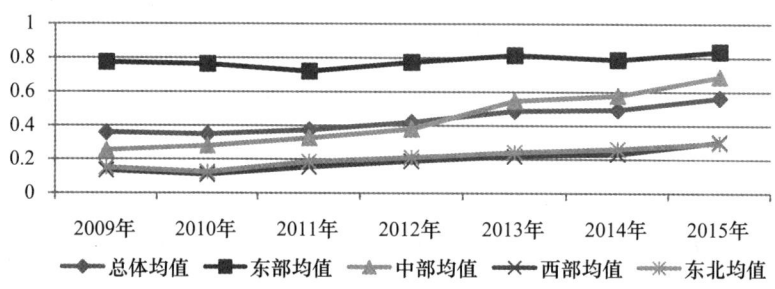

图 5　第三阶段各地区高技术产业平均规模效率值（SE）估计值

从效率值上看，在规模效率方面，各地区在纯技术效率方面的差异相对较小，但从近7年的平均情况来看，是东部地区高于东北地区、东北地区高于西部地区，而西部地区高于中部地区；在平均纯技术效率方面，东部地区的效率值为0.985—0.998，中部地区的效率值为0.974—0.993，西部地区的效率值为0.986—0.995，东北地区的效率值为0.988—0.994，各地区效率值的差异不大，各地区不同的年份各有偏重；因此，各地区的综合技术效率值得的大小与分布情况与规模技术效率值类似。从效率增长情况上看，在综合效率增长率方面，2009—2015年，各地区的综合效率值都实现了增长，其中，中部、西部和东北地区分别增长了271.1%、127.9%和98.0%，而东部地区仅增长8.8%；在纯技术效率方面，东部、中部和西部地区的效率值都稍微有所下降，分别下降了0.8%、1.7%和0.7%，仅东北地区增长了0.1%；在规模效率方面，各地区增长情况也都和综合效率类似。

综上可知，中国高技术产业的技术创新效率呈现出从东部地区向中部地区、东北地区、西部地区逐渐递减的趋势，东部地区的效率值高于全国效率均值，且远高于其他地区，波动性不大，效率增长缓慢；中部地区的效率值具有最快的增长速度，效率均值在 2012 年以前低于全国均值，2013 年以后超过全国均值；东北地区的效率值稍微高于西部地区，但都低于中部地区及都低于全国效率均值，而且两地区效率值的增长速度也都高于东部地区，但都低于中部地区，增长速度居于中等水平。东部地区由于经济基础较好、技术设备教先进、大学和科研机构较多，人才储备也都较高，同时对人才都有较高的吸引力，享受着国家较好的经济和技术政策，从而具有较高的技术创新实力；而中西部或者东北地区的经济基础较差、技术设备不先进，对人才的吸引力不足甚至流失严重，导致技术创新实力严重落后东部地区。

五 研究结论

（一）中国高技术产业技术创新效率区域差异的结论

经过环境和随机误差调整的技术创新效率值表明，与经济和社会发展的区域差异类似，高技术产业的技术创新效率也存在着显著的区域性。从效率值上看，综合效率值和规模效率值呈现出从东部地区向中部地区、东北地区、西部地区逐渐递减的趋势，东部地区的效率值远高于东北地区和西部地区的效率值，中部地区的效率值介于东部地区与东北及西部地区之间，而东北地区历年（除个别年份）的效率值总体而言稍微高于西部地区，两者差别不大；纯技术效率方面的差异也存在，东部地区、西部地区和东北地区历年的平均效率值的差异相对较小，且都明显高于中部地区，但在具体省份上看却存在较大的差异。从近几年的效率增长情况上看，各地区的综合效率和规模效率都呈现出增长的趋势，但纯技术效率值都有所下降。中国高技术产业技术创新效率影响因素的结论。

（二）中国高技术产业技术创新效率影响因素的结论

对于中国各地区技术创新效率的区域差异，既有自身技术水平的原因，也有外部环境因素的原因。通过对中国高技术产业创新效率差异的影响因素研究发现，位于东部地区不利于技术创新相对效率的提高，研发经费内部支出中政府资金比重越大、高技术产业资产总额中的国有成分越大、企业平均主营业务收入越大，越不利于高技术产业技术创新效率的提高；制造业企业数中高技术企业数的比重越大，越有利于技术创新效率的提高；出口强度对技术创新效率虽具有影响，但方向不太明确，仅市场结构这一因素对技术创新效率的提高具有促进作用。

参考文献

［1］刘云、杨湘浩：《中国高技术产业的区域研发效率——基于省级面板数据的实证分析》，《中国管理科学》2012 年第 S2 期。

［2］杨青峰：《高技术产业地区研发创新效率的决定因素——基于随机前沿模型的分析》，《管理评论》2013 年第 6 期。

［3］高晓光：《我国高技术产业创新效率的时间演变与地区分布特征》，《产经评论》2015 年第 5 期。

［4］郑坚、丁云龙：《高技术产业技术创新的边际收益特性及效率分析》，《科学学研究》2008 年第 5 期。

［5］余泳泽：《我国高技术产业技术创新效率及其影响因素研究——基于价值链视角下的两阶段分析》，《经济科学》2009 年第 4 期。

［6］肖仁桥、钱丽、陈忠卫：《中国高技术产业创新效率及其影响因素研究》，《管理科学》2012 年第 5 期。

［7］宇文晶、马丽华、李海霞：《基于两阶段串联 DEA 的区域高技术产业创新效率及影响因素研究》，《研究与发展管理》2015 年第 3 期。

［8］刘伟、李星星：《中国高新技术产业技术创新效率的区域差异分析——基于三阶段 DEA 模型与 Bootstrap 方法》，《财经问题研究》

2013 年第 8 期。

[9] 杨青峰:《剥离环境因素的中国区域高技术产业技术效率再估计——基于三阶段 DEA 模型的研究》,《产业经济研究》2014 年第 4 期。

[10] 吴延兵:《R&D 存量、知识函数与生产效率》,《经济学季刊》2006 年第 4 期。

[11] 岳松、庄瑜:《政府科研补贴对上市公司 R&D 支出影响的实证分析》,《税务研究》2010 年第 8 期。

[12] 李爽:《R&D 强度、政府支持度与新能源企业的技术创新效率》,《软科学》2016 年第 3 期。

[13] 李左峰、张铭慎:《政府科技项目投入对企业创新绩效的影响研究——来自我国 95 家创新型企业的证据》,《中国软科学》2012 年第 12 期。

[14] 白俊红:《企业规模、市场结构与创新效率——来自高技术产业的经验证据》,《中国经济问题》2011 年第 5 期。

[15] 高晓光:《中国高技术产业创新效率影响因素的空间异质效应要——基于地理加权回归模型的实证研究》,《世界地理研究》2016 年第 4 期。

[16] 俞立平:《企业性质与创新效率——基于国家大中型工业企业的研究》,《数量经济技术经济研究》2007 年第 5 期。

[17] 吴延兵:《国有企业双重效率损失研究》,《经济研究》2012 年第 5 期。

[18] 李政、陆寅宏:《国有企业真的缺乏创新能力吗——基于上市公司所有权性质与创新绩效的实证分析与比较》,《经济理论与经济管理》2014 年第 2 期。

[19] 桂黄宝:《我国高技术产业创新效率及其影响因素空间计量分析》,《经济地理》2014 年第 6 期。

[20] 杨善奇、谈镇:《提升中国制造业自主创新效率研究》,《经济与管理》2015 年第 1 期。

[21] 吴延兵:《创新的决定因素——基于中国制造业的实证研究》,《世界经济文汇》2008年第2期。

[22] 张杰、李勇、刘志彪:《出口与中国本土企业生产率——基于江苏制造业企业的实证分析》,《管理世界》2008年第11期。

[23] 师萍、宋文飞、韩先锋、张炳南:《我国区域研发技术效率的空间相关性与收敛性分析》,《管理学报》2011年第7期。

[24] 黄晗:《我国大中型工业企业研发效率测度及其空间相关性研究》,《科技管理研究》2013年第11期。

[25] Fried, H. O., Lovell, C. A. K., Schmidt, S. S., Yaisawarng, S., 2002, "Accounting for Environmental Effects and Statistical Noise in Data Envelopment Analysis", *Journal of Productivity*, Vol. 17, pp. 157–174.

[26] Williamson, O. E., 1965, "Innovation and Market Structure", *Journal of Political Economy*, Vol. 73, pp. 67–73.

[27] Mukhopadhyay, A. K., 1985, "Technological Progress and Change in Market Concentration in the U.S., 1963–1977", *Southern Economic Journal*, Vol. 52, pp. 141–149.

[28] Arrow K. J., 1962, "The Economic Implications of Learning by Doing", *Review of Economic Studies*, Vol. 29, pp. 155–173.

[29] Pavitt K., Robson M., Townsend J., 1987, "The Size Distribution of Innovating Firms in the UK: 1945–1983", *The Journal of Industrial Economics*, Vol. 35, pp. 297–316.

[30] Zhang A., Zhang Y., Zhao R., 2003, "A Study of the R&D Efficiency and Productivity of Chinese Firms", *Journal of Comparative Economics*, Vol. 31, pp. 443–464

[31] Freeman C., Soete L., 1997, *The Economics of Industrial Innovation*, Massachusetts: MIT Press.

[32] Acs Z. J., Audretsch D. B., 1987, "Innovation, Market Structure and Firm Size", *Review of Economics and Statistics*, Vol. 64, pp. 567–574.

[33] Wagner, J., 2007, "Exports and Productivity: A Survey of the Evidence from Firm-level Data", *The World Economy*, Vol. 30, pp. 60 – 82.

[34] Keller, Wolfgang and Stephen R. Yeaple, 2009, "Multinational Enterprises, International Trade, and Productivity Growth: Firm-level Evidence from the United States", *Review of Economics and Statistics*, Vol. 91, pp. 821 – 831.

[35] Aw, Bee Yan; Roberts, Mark and Xu, Daniel, 2011, "R&D Inveatment, Exporting, and Productivity Dynamics", *American Economic Reaiew*, Vol. 101, pp. 1312 – 1344.

[36] Melitz, M. J., 2003, "The Impact of Trade on Intra-industry Reallocations and Aggregate Industry Productivity", *Econometrica*, Vol. 71, pp. 1695 – 1725.

[37] Keller W., 2002, "Geographic Localization of International Technoloy Diffusion", *American Economic Review*, Vol. 92, pp. 120 – 142.

Research on the Regional Characteristics and Influencing Factors of Technological Innovation Efficiency of High-tech Industry in China: An Empirical Analysis Based on Three-stage DEA Model

Abstract: This paper uses the three-stage DEA model to study the technological innovation efficiency and influencing factors of China's high-tech industry. The results show that there are obvious regional differences in the technological innovation of China's high-tech industries, showing a gradual decline from the eastern region to the central region, the northeast region and the western region. In the aspect of environmental factors that influence the efficiency of technological innovation, market structure factors has a positive effect, the four factors of government research and development support, ownership structure, enterprise scale, geographical location has an adverse effect on the efficiency value, and export intensity has positive and negative two directions of the innovation efficiency.

Keywords: High-tech industry; Technological innovation efficiency; Regional difference; Influencing factors

粤港澳大湾区创新绩效的空间效应研究*

徐芳燕[①]　林靖雯[②]

> **摘　要**：采用随机前沿回归模型，测算出粤港澳大湾区各城市的区域创新绩效，运用 Moran's I 指数和 Geary's C 指数研究湾区内各城市的空间结构与空间关联性，并基于局部指标和 Moran 散点图，得到不同城市与邻近区域的空间集聚情况，进而依据地理位置、研究支出、人才投入等指标挖掘不同区域间存在差异的原因。结果发现，粤港澳大湾区各城市的区域创新绩效可分成三个梯度层级，各区域缺乏空间自相关性，且不同区域间存在倾向于低值的空间集聚，针对各城市群的创新发展差异，提出相应政策建议。
>
> **关键词**：粤港澳大湾区；区域创新绩效；空间自相关

一　引言

2017年10月，习近平主席在中国共产党第十九次全国代表大会上提出：在未来的17年内，中国将实现全面建成小康社会的基本目标[③]。

---

* 本文得到广东省哲学社会科学"十二五"规划项目（编号：GD15YYJ03）和广东省教育厅创新人才类项目（编号：15Q18）的资助。

① 统计学博士，广东外语外贸大学统计系讲师，英国格洛斯特大学访问学者。
② 广州智干电子商务科技有限公司。
③ 《法制日报》十九大特刊。

随着人民生活水平的不断提高，社会的主要矛盾已经转化为人民日益增长的美好生活需要和不平衡、不充分发展之间的矛盾。中国的发展战略也从资源导向型转变成科技推动型，区域间发展的不平衡与科技创新能力的低下，成为限制中国进一步发展的壁垒。2017年7月，广东省政府、香港特别行政区、澳门特别行政区三地共同签署了《深化粤港澳合作，推进大湾区建设框架协议》①，希望打破之前各区域独自发展的经济战略，综合各区域的发展优势，推动城市间的协同发展，提升粤港澳大湾区的经济发展能力。城市间的创新集群，是国家整体创新能力的驱动力，城市创新能力的评价，需要考虑城市的商业成熟度、市场成熟度、基础设施的配置、资本的投入与科技创新产出等要素。

粤港澳大湾区位于南海的重要出海口，港口资源丰富，拥有广州港、香港港、深圳港等世界级集装箱港口。2017年，广州港集装箱吞吐量达2030万标箱，汽车吞吐量约110万辆，与去年相比增长32.1%，该增幅位于大连、上海等全国沿海汽车口岸的榜首；香港港位于中国与邻近亚洲国家的交界处，年货物吞吐量达2011.40万标箱，如今已发展成为远东航运的中心。深圳作为中国创新型城市，涵盖了电子信息、新能源及新材料、生物医药三大领域。2017年深圳GDP总值达2.2万亿元，超越广州和香港，在全国排名中居第三位，高新技术产业的增加值增长了12.2%，占GDP比重的40.8%，同时吸引了华为、康佳、腾讯等5000多家国内外知名企业加盟，其中IPO企业40家，占全国IPO总数的9.13%。相比之下，位于湾区西岸的珠海、中山、江门等城市，还存在着高新技术人才匮乏、研发经费不足、专利申请授权数偏低等问题。在"一国两制"的框架下，粤港澳大湾区内各城市之间存在着法律、文化、经济、政策等方面的差异，使湾区内部要素不能自由流动，创新资源空间分布不均，在一定程度上造成区域内创新绩效的空间异质性。

目前，国内外文献主要集中于对湾区经济创新能力的分析，对湾区

---

① 新华社香港7月1日电。

创新绩效的空间分布研究较为欠缺。自 2008 年金融危机后，世界发达国家已开始推行"去全球化"的贸易保护主义模式，全球经贸投资规则和经济治理体系进入了深入调整期，这对于以外向型经济为主的中国而言，冲击很大。如今中国政府正积极调整对外开放格局，转变经济发展模式，推动供给侧改革，粤港澳大湾区作为世界第四大湾区，是国家建设世界级城市群和参与全球竞争的重要空间载体。

在当前"推进粤港澳大湾区建设"的背景下，湾区内各城市的协同发展是湾区建设的主要目标，根据各城市的空间关联与空间差异情况，研究制定湾区城市群发展规划，对进一步激发湾区的创新发展潜力，打造世界一流湾区城市群有着深远意义。本文以粤港澳大湾区 11 个城市作为研究对象，首先基于随机前沿分析方法测算出湾区内各城市的区域创新绩效，接着运用 Moran's I 指数和 Geary's C 指数分析全局空间的关联性及强度，运用局部指标（LISA）和 Moran 散点图分析各个区域创新绩效与周边区域创新绩效之间的局部空间关联情况，最后分析影响各区域存在差异的因素。对市场主体而言，我们的研究成果能使其深入认识所在区域、所在产业的创新发展情况与空间分布特征，对其进一步的投资与发展提供相应的理论支持。对政府而言，可根据研究成果，深入了解各区域创新绩效的传导机制与互动关系，从而制定更加适宜的产业政策，激发市场主体活力，促进制造业发展。

二 文献综述

国内学者主要从两个角度实证研究区域创新绩效的评价。易伟明和刘满凤（2005）以安徽省高新技术开发区为研究对象，运用数据网络分析法，构建创新投入与产出的三级指标，将安徽省 17 个地区的创新绩效划分为三个层级。苏屹和李柏洲（2013）基于随机前沿分析方法，对中国 31 个省份的新产品销售收入与新产品产值数据进行实证研究，研究结果表明中国各区域创新绩效差距较大，普遍存在非效率现象，同时发现市场化程度、系统协作水平等因素对区域创新绩效具有正向的促进影响。针对各区域创新绩效的空间关联与区域溢出效应的影响，周景坤和段忠贤（2013）从区域创新环境的角度，分析区域创新环境与创新绩效之间的互动关系。白俊红和蒋伏心（2015）从区域间创新要素动态流动的角度，构建协同创新指标体系，建立空间权重矩阵，运用空间计量分析技术，实证研究区域协同创新与空间关联分别对创新绩效造成的影响。谭俊涛等（2016）通过构建创新投入、产出指标体系，利用创新产出与效率指标测算出区域的创新绩效，运用回归模型，对区域创新绩效的时空演变特征进行分析。李婧和何宜丽（2017）从空间相关的视角，利用中国31个省级行政区2004—2013年的数据，构建空间计量模型，从地理特征角度出发构建空间权重矩阵，来对区域创新系统间的知识溢出效应作出评价。

综上所述，已有文献已完成对区域创新绩效测算的研究，并从空间计量的角度对区域创新绩效的空间相关性进行了测量，但基于粤港澳大湾区各城市协同发展的研究较少。本文基于2008—2016年粤港澳大湾区创新绩效的面板数据，在系统地分析区域创新绩效的空间格局及影响因素的基础上，重点考察了R&D人员折合全时当量与R&D经费内部支出合计对区域创新绩效的影响。

三　区域创新绩效的测算

数据包络分析（DEA）和随机前沿分析（SFA）均可通过构建生产前沿面，来对区域创新投入与产出进行效率评价。其中，数据包络分析（DEA）是一种非参数分析方法，主要应用于多投入、多产出问题，通过将目标的投入与产出投射在几何空间内，利用线性规划技术来确定生产前沿面，测算过程中不必确定生产前沿函数的形式及各参数的设定，投入与产出之间不一定存在着明确的数学关系。随机前沿分析（SFA）是在确定的生产条件下，研究生产要素的投入与产出关系的参数方法，其中各前沿面是随机的，各生产单元并不共用同一前沿面。与DEA方法相比，SFA方法考虑了随机因素的影响，通过引入误差项，并采用技术无效率项的期望值作为技术效率的方法，使结果更为稳定。为了消除技术效率测算值与实际效率之间的偏差，并考虑到变量之间存在着较强相关性，本文采用SFA模型对区域的创新绩效进行测算。

(一) SFA模型

Meeusen等(1977)，Battese等(1977)，Aigner等(1977)于20世纪80年代提出了随机前沿模型(SFA)，是在确定型前沿模型的基础上，将公式中的误差项划分成统计误差（随机误差项）和技术无效率（非负误差项）两部分，提高了技术效率的测算精确性。生产函数为Cobb-Douglas的随机前沿模型定义如下：

$$\ln Y_i = \beta_o + \sum_j \beta_j \ln x_{ij} + v_i - u_i, i = 1, \cdots, N \quad (1)$$

模型基本假定：

(1) 随机误差项 $v_i \sim iidN^+(0,\sigma_v^2)$，主要是由生产过程的随机性，输入或输出产生的测量误差所造成的。

(2) 非负误差项 $u_i \sim iidN^+(0,\sigma_u^2)$，是取截去 $u_i < 0$ 部分的正态分布，u_i 与 v_i 相互独立。

(3) x_i 分别与 u_i、v_i 相互独立。

Battese等(1992)对SFA模型引入了时间的概念，使SFA模型可以对面板数据进行效率评价，具体定义如下：

$$y_{it} = f(x_{it},\beta)\exp(v_{it})\exp(-u_{it}), i = 1,\cdots,N, t = 1,\cdots,T \quad (2)$$

其中 y_{it} 表示第 i 个决策单位 t 时期的总产出，x_{it} 表示第 i 个决策单位 t 时期的全部投入，t 为时间趋势变量，β 为估计的模型参数；v_{it} 表示生产过程中由不可控因素所带来的随机变化，u_{it} 表示生产过程中由可控制因素所带来的随机变化，其中 $\exp(-u_{it})(u_{it} \geq 0)$ 表示技术效率。

在参考测算结果前，需要对模型进行合理性检验：

$$\gamma = \frac{\delta_u^2}{\delta_u^2 + \delta_v^2}(0 \leq \gamma \leq 1) \quad (3)$$

式(3)中，若 γ 值接近于0，即 δ_u^2 接近于0，说明技术无效率所带来的干扰很大，此时可采用 OLS 法对模型参数进行估计，SFA 模型不适用；若 γ 值接近于 1，即 δ_v^2 接近于 0，此时 γ 统计量服从混合 χ^2 分布，SFA 模型同样不适用；而当 γ 值的取值范围为（0，1）时，符合模型假定，SFA 模型可用。

（二）SFA 模型效率计算

根据式（2），我们可以推导出 SFA 模型的技术效率为：

$$TE_i = \exp(-u_i) = \frac{y_i}{f(x_i,\beta)\exp(v_i)} \quad (4)$$

根据基本假定，在 u_i 分布已知的情况下，我们可以通过 $TE = E[\exp(-u_i)]$ 来计算出技术效率的期望值，但却不能计算出每个样本的技术效率。为了解决这一问题，Jondrow 等（1982）提出将技术效率定义为 $TE_i = \exp[-E(u_i\varepsilon_i)]$，其中 $\varepsilon_i = v_i - u_i$。具体定义如下：

$$EV(u \mid \varepsilon) = \mu_* + \sigma_* \frac{\varphi(\mu_*/\sigma_*)}{\Phi(\mu_*/\sigma_*)} \quad (5)$$

其中，$\mu_* = -\varepsilon \frac{\sigma_u^2}{\sigma^2} = -\varepsilon \frac{\lambda^2}{1+\lambda^2} = -\varepsilon\gamma$，$\sigma_* = \sqrt{\frac{\sigma_u^2 \sigma_v^2}{\sigma^2}} = \frac{\lambda}{1+\lambda^2}\sigma = \sqrt{\gamma(1-\gamma)\sigma^2}$。

（三）指标体系的构建

从投入产出的角度考虑各区域的创新绩效，选择 R&D 人员折合全时当量、R&D 经费内部支出合计、R&D 经费外部支出合计（技术购买、引进、化吸收、改造费用）作为创新投入指标，专利申请数、专利授权数作为创新产出指标，具体指标定义如下所示。

（1）R&D 人员折合全时当量：报告期内企业内部从事 R&D 活动员工的工作时间占全年工作时间 90% 及以上的全时人员，以及非全时人员按工作时间折算的工作总量之和。例如，某企业有 3 个 R&D 非全时人员，工作时间分别 0.5 年、0.1 年、0.3 年，有 1 个 R&D 全时人员，工作时间为 0.95 年，则 R&D 人员折合全时当量为 0.5 + 0.1 + 0.3 +

0.95＝1.85（人/年）。

（2）R&D 经费内部支出合计：报告期内企业用于开展 R&D 活动的年实际支出，其中包括 R&D 活动的直接支出、活动管理费、服务费、外协加工费等，但不包括还款支出、生产性活动支出以及拨款给外单位 R&D 活动的经费支出。

（3）R&D 经费外部支出合计：报告期内企业与外方单位合作而拨款的 R&D 活动支出，主要包括引进境外技术经费支出、购买国内技术经费支出、技术改造经费支出等。

（4）专利授权数：报告期内专利行政部门对申请及经审查文件无异议，而授予专利权证书的专利数，其中包括实用新颖、外观设计、发明三种专利设计，是创新产出成果的一种直接表现。

（5）专利申请数：报告期内专利行政部门受理技术发明申请专利数，其中包括实用新颖、外观设计、发明三种专利设计，反映了一个区域的创新能力，以及发明者维护知识产权的意识。

表1　　　　　　　　　　创新效率评价指标体系

指标类别	指标名称	指标定义
投入指标	人力投入	R&D 活动人员折合全时当量
	财力投入	R&D 经费内部支出、R&D 经费外部支出
产出指标	直接表现	专利申请数量
	价值表现	专利授权数量

（四）实证分析

本文选取粤港澳大湾区 11 个城市（广州、深圳、佛山、珠海、惠州、江门、中山、东莞、肇庆、香港、澳门）2008—2016 年的数据进行研究，数据来源于《中国科技统计年鉴》、广东统计信息网、《中国第三产业统计年鉴》等。由于各城市的数据指标不完全一致，各年年鉴内容存在差异，其中东莞、肇庆、澳门等城市的数据存在缺失。经观察发现，各城市的年度数据普遍呈指数趋势增长，因此，本文选用指数平滑法对缺失数据进行填补。

表2　　　　　　　　　随机前沿模型参数估计结果

	估计系数	标准差	T统计量	P值
(Intercept)	2.80408	0.79679	3.519	0.000
xX1	0.08346	0.04123	2.024	0.045
xX2	1.27137	0.04293	29.612	0.000
xX3	-0.52015	0.07381	-7.047	0.000
xX4	0.04792	0.02772	1.728	0.087
λ	1.11915	0.72967	1.534	0.128
对数似然函数值	-72.65237	—	—	—

利用R软件对数据进行分析处理，估算SFA模型的参数结果如表2所示，其中$\sigma_v^2 = 0.1755161$，$\sigma_u^2 = 0.2198321$。根据式（3）计算可得$\gamma = 0.55605$，通过$\alpha = 0.01$的显著性检验，由于γ值处于（0，1）区间内，因此使用SFA模型来测量区域创新绩效具有合理性。随机前沿模型的变量参数值均通过5%条件下的显著性检验，对数似然函数值为-72.65237，绝对值小于$\chi_{0.05}^2(99) = 123.23$，说明模型残差平方和较小，模型拟合度较高。

表3　　　　　　粤港澳大湾区11个城市区域技术创新绩效

城市	2008	2009	2010	2011	2012	2013	2014	2015	2016	均值	排名
广州	0.45217	0.69046	0.70832	0.68069	0.68441	0.67815	0.66270	0.66386	0.58561	0.64515	9
佛山	0.47084	0.68661	0.77471	0.80803	0.81806	0.73899	0.77414	0.77612	0.75205	0.73328	5
肇庆	0.32900	0.35482	0.42466	0.58866	0.61684	0.62686	0.54172	0.61786	0.67539	0.53065	11
深圳	0.71250	0.75312	0.78439	0.76431	0.78014	0.77849	0.79306	0.79817	0.74878	0.76811	2
东莞	0.67529	0.71305	0.77149	0.75038	0.73027	0.76729	0.75704	0.74376	0.65367	0.72914	6
惠州	0.60006	0.63598	0.68306	0.66876	0.63400	0.60573	0.60431	0.63440	0.58790	0.62824	10
珠海	0.80575	0.72651	0.76447	0.73542	0.74465	0.71904	0.75518	0.72347	0.68046	0.73944	4

续表

城市	2008	2009	2010	2011	2012	2013	2014	2015	2016	均值	排名
中山	0.66542	0.63205	0.69854	0.69880	0.64998	0.67690	0.66221	0.71745	0.65683	0.67313	7
江门	0.89695	0.85173	0.68931	0.69555	0.64426	0.68487	0.74752	0.83168	0.80753	0.76104	3
香港	0.81711	0.79673	0.80166	0.81496	0.81520	0.84647	0.83469	0.84853	0.75687	0.81469	1
澳门	0.79225	0.56656	0.79811	0.67636	0.56864	0.63341	0.67764	0.61908	0.54132	0.65260	8

根据测算出来的技术创新绩效（见表3），结合一般事物"中间大，两头小"的分布规律，将平均绩效处于0.7以上的区域划分为高绩效区间，平均绩效处于0.6—0.7的为次高绩效区间，处于0.4—0.6的为中等绩效梯队，处于0.3—0.4的为低绩效梯队，处于0.3以下的为差绩效梯队。由表3可以看出，处于高绩效的区域有佛山、深圳、东莞、珠海、江门和香港，广州、惠州、中山和澳门处于次高绩效区间，肇庆为中等绩效梯队。这表明中国各区域的创新绩效存在明显的空间差异性，但普遍处于中等水平之上，两级化现象不明显。粤港澳大湾区的创新绩效呈现以珠江河口地区为核心向外辐射的形态，且珠江河口东岸的科技创新资源比西岸更丰富。粤港澳地区的科技创新绩效沿"广州—深圳—香港"为轴线布局，形成了一条"科技创新走廊"。肇庆、惠州处于该区域的边缘，所受的辐射带动作用较小，故区域创新能力较弱。同时，位于"走廊"沿线的中山受科技创新带动作用不显著，技术创新绩效与珠海、东莞相近，是核心区域周边的"阴影区"，并未受到与核心区域地理邻近所带来的优势。佛山所在的位置与肇庆相似，皆与广州相邻，却拥有着较高的创新绩效，这与其活跃的民营科技创新型企业、特殊的政府政策和管理模式有着较大关联。

对粤港澳大湾区11个城市的创新绩效做折线图，发现这9年间部分区域的技术创新效率发生了显著变化。佛山、肇庆的技术创新效率有了显著的提升，肇庆从2008年的0.329，增长到2016年的0.67539，增长了1.05倍。而澳门和广州的技术创新效率正不断下降，这说明创新投入存在着规模不经济的现象，过多的投入反而造成效率的下降。在

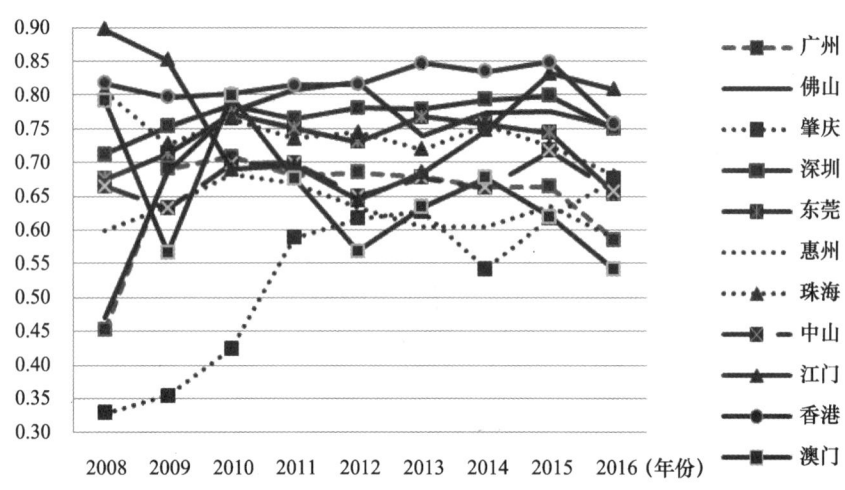

图 1　粤港澳大湾区各城市技术创新效率变化情况

这期间江门存在明显的波动,但总的来说,没有过于显著的变化。数据分析表明,粤港澳大湾区的技术创新绩效可分为三个梯度,不同城市间存在着较大的差异,技术创新效率的最大值与最小值之间相差28.40%。通过观察各城市的技术创新效率变化,可以发现技术创新的追赶现象已经出现,且不同地区所受的空间影响程度不同。各城市间技术创新能力的差异,很有可能是由各区域的地理位置、政府政策、科技资源、经济效益等方面的差异造成的。

四　区域创新绩效的空间演化

为了进一步了解粤港澳大湾区各城市创新绩效的空间关联情况,本文采用空间统计方法对上一步所求的技术创新效率进行空间自相关分析。空间自相关分析主要包括全局指标与局部指标两种测定方法,主要研究某位置的属性值与其相邻位置属性值之间的关联情况,可分为正相关、负相关以及随机三种情况。全局空间自相关分析主要用于了解属性值的空间分布特征,通常可用 Moran's I 指数、Geary's C 指数。当区域整体存在明显的全局空间自相关时,可能会忽略部分完全随机化的区域集群；而在看似区域整体完全不存在空间自相关的情况下，部分样本数据间可能存在明显的局部自相关，因此局部空间自相关主要用于分析各个属性值与周边属性值之间的局部空间关联情况，通常可用局部指标（LISA）、Moran 散点图来进行分析。

（一）理论介绍

1. 空间权重矩阵

空间邻近关系是确定空间权重矩阵的基础，空间邻近关系可用二值法、反距离法、反距离平均法、综合法来进行判断，而本文采用最常用的以简单邻接为标准的二值法来确定区域间的空间邻近关系。具体定义如下：

$$w_{ij} = \begin{cases} 1, \text{区域} i \text{与区域} j \text{相邻接} \\ 0, \text{其他} \end{cases}$$

其中 w_{ij} 为二元邻接矩阵，当 $w_{ij} = 1$ 时，表示区域 i 与区域 j 相邻接；当 $w_{ij} = 0$ 时，表示区域 i 与区域 j 不邻接，其中对角线的元素皆设为 0。若存在区域 m 分别与区域 i 和区域 j 相邻接，但区域 i 和区域 j 不邻接，此时可定义区域 i 和区域 j 为二阶邻接，此时可确定一个距离，来判定区域 i 与区域 j 之间的空间权重。

2. Moran's I 指数

对于全局指标，Cliff 等（1972）提出使用 Moran's I 指数和 Geary's C 指数来分析全局空间的关联性及强度。其中 Moran's I 指数的定义如下：

$$MC = \frac{n \sum_{i=1}^{n} \sum_{j=1}^{n} w_{ij}(x_i - \bar{x})(x_j - \bar{x})}{\sum_{i=1}^{n} \sum_{j=1}^{n} w_{ij} \sum_{i=1}^{n} (x_i - \bar{x})^2} = \frac{\sum_{i=1}^{n} \sum_{j=1}^{n} w_{ij}(x_i - \bar{x})(x_j - \bar{x})}{S^2 \sum_{i=1}^{n} \sum_{j=1}^{n} w_{ij}}$$

(6)

n 表示空间区域的个数；x_i、x_j 分别表示第 i、j 个区域的属性值，w_{ij} 表示区域 i 和区域 j 的空间相似性。Moran's I 指数的取值范围为 [-1,

1]，其中 -1 表示区域之间存在负空间自相关，即聚集的区域拥有不同的属性值；0 表示各区域在空间上随机独立排列，无明显的相关关系；1 则表示各区域间存在正空间自相关关系，即聚集的区域拥有相似的属性值。由于 Moran's I 指数是根据正态近似和随机试验规则推导出来的，因此需要对数据进行正态检验和随机性检验，即检查整体区域属性值是否存在空间自相关。

3. Geary's C 指数

Geary's C 指数的具体定义如下：

$$C = \frac{(n-1)\sum_{i=1}^{n}\sum_{j=1}^{n}w_{ij}(x_i - x_j)^2}{2\sum_{i=1}^{n}\sum_{j=1}^{n}w_{ij}\sum_{i=1}^{n}(x_i - \bar{x})^2} \tag{7}$$

通过式（6）与式（7）的对比，可以发现 Geary's C 指数与 Moran's I 指数的方法非常相似，不同在于公式中的分子计算。Moran's I 指数的交叉乘积项研究的是邻近区域的属性值与均值之间差异的乘积，而 Geary's C 指数研究的是邻近区域属性值之间差异的乘积，侧重考虑邻近区域间的差异程度，对邻近区域之间的绝对差更为敏感。Geary's C 指数的取值范围为 [0，2]，当值小于 1 时，表示各区域存在正空间自相关；当值大于 1 时，表示各区域间存在负空间自相关；当值为 1 时，表示各区域无空间自相关。Geary's C 指数同时也是根据正态近似和随机试验规则推导而来的，需要进行显著性检验，指数的数学期望恒为 1。

4. 局部指标（LISA）

LISA 主要包括局部 Moran 指数（Local Moran）和局部 Geary 指数（Local Geary）两种方法，但考虑到两种方法在定义、检验以及解释方面都非常相似，因此本文考虑只使用局部 Moran 指数，来作为样本局部自相关的检查。具体定义如下：

$$I_i = (x_i - \bar{x})\sum_{j}^{n}w_{ij}(x_j - \bar{x}) \tag{8}$$

当 $I_i > 0$ 时，表示存在局部的正空间自相关，即该区域内相似属性值有较高的空间集聚；当 $I_i < 0$ 时，表示存在局部的负空间自相关，即该区域内不相似属性值有较高的空间集聚。

(二) 实证分析

1. 全局空间自相关

为了了解粤港澳大湾区 11 个城市创新绩效的空间差异和空间关联程度，使用 R 软件对区域的创新绩效进行全局空间自相关分析。结果表明，2008 年 Moran's I 指数和 Geary's C 指数的 P 值皆小于 0.05，且取值在 (0, 1) 范围内，说明所有区域的属性值存在正空间自相关，即技术创新效率高的城市倾向于集聚在一起，而技术创新效率低的城市趋于与较低技术创新效率的城市集聚在一起。除 2008 年外，其他年份的 Moran's I 指数与 Geary's C 指数的 P 值皆大于 0.5，拒绝原假设，认为所有区域的属性值之间不存在空间自相关。

表4　全局 Moran's I 指数与 Geary's C 指数的计量结果

年份	Moran's I 指数	随机检验 P 值	正态近似检验 P 值	Geary's C 指数	随机检验 P 值	正态近似检验 P 值
2008	0.383	0.0123	0.0106	0.5070	0.0086	0.0083
2009	-0.063	0.4184	0.4296	0.7840	0.1406	0.1469
2010	-0.140	0.6121	0.5749	0.7850	0.1343	0.1485
2011	-0.448	0.9522	0.9519	1.2300	0.8708	0.8707
2012	-0.286	0.7999	0.8123	1.1900	0.8218	0.8244
2013	-0.265	0.7815	0.7845	1.0600	0.6217	0.6220
2014	-0.295	0.8205	0.8237	1.0400	0.5845	0.5848
2015	-0.357	0.8765	0.8900	1.1800	0.8037	0.8085
2016	-0.263	0.7732	0.7822	1.1900	0.8157	0.8176

2. 局部空间自相关

表5　　　　　　　　2008年局部Moran's I 指数计量结果

城市	Ii	E. Ii	Var. Ii	Z. Ii	Pr. z..0.
广州	-0.177632	-0.100000	0.235531	-0.159963	1.0000
佛山	0.455101	-0.100000	0.155489	1.407740	0.3980
肇庆	2.119595	-0.100000	0.875868	2.371671	0.0177
深圳	0.167294	-0.100000	0.235531	0.550764	1.0000
东莞	-0.087148	-0.100000	0.395615	0.020433	1.0000
惠州	-0.074056	-0.100000	0.395615	0.041247	1.0000
珠海	0.631711	-0.100000	0.107464	2.232073	0.0768
中山	0.027745	-0.100000	0.155489	0.323963	1.0000
江门	-0.158636	-0.100000	0.107464	-0.178869	1.0000
香港	0.642067	-0.100000	0.235531	1.529040	0.2525
澳门	0.667363	-0.100000	0.155489	1.946037	0.1291

针对2009—2016年粤港澳大湾区整体创新绩效无明显全局空间自相关结果，本文进一步使用局部空间自相关的方法进行分析。根据2008年的Local Moran指数可知，肇庆、珠海的P值小于0.05，且具有较大的Ii值，说明这两个城市与周围其他城市具有相似性，存在着创新绩效值较高的空间集聚。而广州、深圳、东莞、惠州、中山、江门的P值皆大于0.95且皆为1，这说明与这几个城市有关的城市创新绩分布较为随机，同时创新绩效值较低。广州的Ii值是较大的负值，说明与周边城市相比，广州的创新绩效具有非相似性。

表6　　　　　　　　2016年局部Moran's I 指数计量结果

城市	Ii	E. Ii	Var. Ii	Z. Ii	Pr. z..0.
广州	-0.874316	-0.100000	0.239243	-1.583064	1.0000
佛山	0.051956	-0.100000	0.157159	0.383308	1.0000

续表

城市	Ii	E. Ii	Var. Ii	Z. Ii	Pr. z...0.
肇庆	-0.018403	-0.100000	0.895912	0.086207	0.9313
深圳	-0.021134	-0.100000	0.239243	0.161240	1.0000
东莞	0.330557	-0.100000	0.403410	0.677887	0.7468
惠州	-0.340368	-0.100000	0.403410	-0.378445	1.0000
珠海	0.014020	-0.100000	0.107909	0.347098	1.0000
中山	-0.058249	-0.100000	0.157159	0.105317	1.0000
江门	-0.692679	-0.100000	0.107909	-1.804224	1.0000
香港	-0.252816	-0.100000	0.239243	-0.312427	1.0000
澳门	-1.035148	-0.100000	0.157159	-2.358905	1.0000

从 2016 年的数据来看，P 值皆大于 0.95 且趋近于 1。说明各城市与周边城市之间存在着非相似性集聚现象。总的来说，位于珠三角边缘的几个城市，在空间分析中表现出随机分布的特征。

Moran 散点图主要分为四个象限，HH 象限（高值包围高值）、LH 象限（高值包围低值）、LL 象限（低值包围低值）和 HL 象限（低值包围高值）。2008 年、2012 年、2016 年粤港澳大湾区 11 个城市的区域创新绩效分布如图 2 所示，绝大部分城市分布在第二、第四象限内，即高值包围低值、低值包围高值，这说明粤港澳大湾区各城市的创新绩效存在空间差异。

综上研究，可以发现整个粤港澳大湾区的区域创新绩效并无空间自相关性，这是因为虽然整个珠三角城市发展较为迅速，但与周边城市的交流较少，区域扩散不明显，导致各城市的科技创新发展差异较大。同时从局部 Moran's I 指数和 Moran 散点图的结果可以看出湾区内并无创新效率高的城市集聚出现，区域的科技发展存在严重的空间失衡，而这种空间结构的不协调会严重影响粤港澳大湾区的发展。

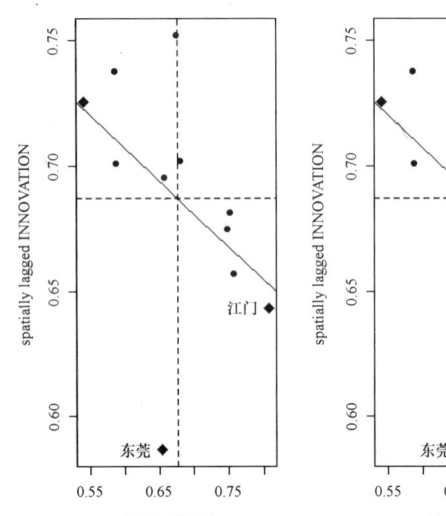
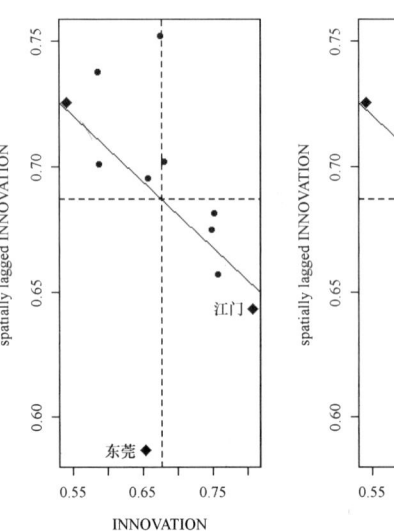

图 2　粤港澳大湾区 2008 年、2012 年、2016 年的 Moran 散点图

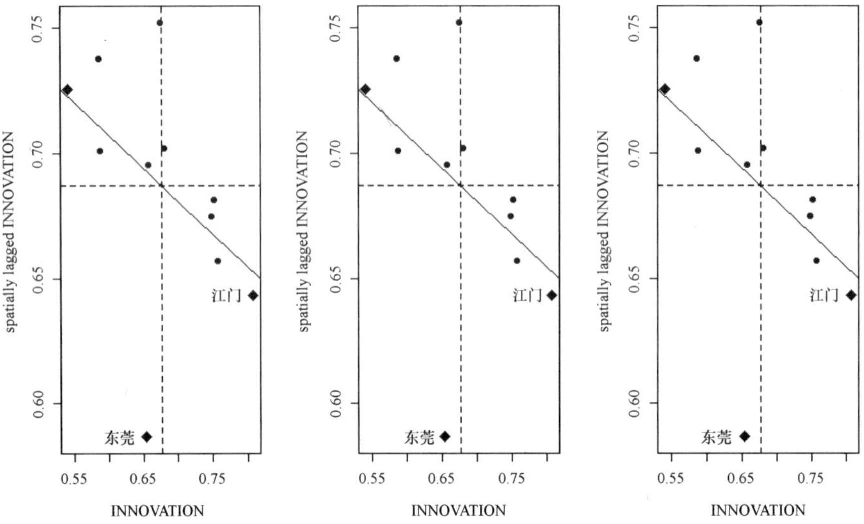

五　区域创新绩效差异因素分析

技术创新绩效与区域的人力资源、财力资源、物力资源等直接相关，通过分析各地区参加 R&D 活动的人员数量，可以发现广州、深圳、澳门的人员数量较多，其中深圳居第三位，但广州、澳门的专利发明数量远低于深圳。这一现象表明深圳拥有良好的就业投资环境、活跃的创新企业、合理的规划与基础建设，在科技创新领域的影响力强，极大地帮助科技创新人才就业和发展，而相比之下，广州与澳门的投入与产出并不成正比，科技转化率偏低。

表7　　　　　　　　R&D 人员折合全时当量　　　　　单位：人/年

城市	2008 年	2009 年	2010 年	2011 年	2012 年	2013 年	2014 年	2015 年	2016 年
广州	39668.9	34036	34695	48859	52360	52682	60754.4	60946	59229
佛山	40704	20864	28629	38467	49549	54764	54112	43266.4	47810.1

续表

城市	2008年	2009年	2010年	2011年	2012年	2013年	2014年	2015年	2016年
肇庆	2364.7	3480.7	5535.9	7273.4	9007	8544.3	9838	9654.7	10109.44
深圳	162382	123651	157429	158023	192584	181321	163689	173764	176040
东莞	18524	23809	26634	31743	44335	43635	49457	47449	50450
惠州	1277.5	8176	11062	12739	15946	16440	15363	18888	28487
珠海	3812	7405	8622	11743	13133.9	12772.7	13744.1	12149	11028
中山	10465	20698	10608	24815	34396	37857	38551	38488	38970
江门	1570	3520.3	5299.8	9505	11282	11526.5	13606.9	13529	11639
香港	22005	23281	24060	24460	25264	26045	27378	35500	54200
澳门	394659	575177	654214	615166	744940	928254	1053409	1308354	1596286

而对各地区财力资源的分析可知，深圳拥有区域内最多的R&D经费量及最强的R&D经费支出，经费总额达443亿元，远超一般发达国家2.5%的比率；同时广州科研经费总额约为20亿元，是深圳的20多倍；2016年香港的R&D经费支出强度最小，且近8年的支出强度基本持平，这说明香港对于创新投入的关注度有限。而与此形成对比的是惠州，其R&D经费支出增长明显，由2008年的1.71亿元，增至2016年的67.69亿元，增幅达38.587。珠海、中山、江门等城市的R&D经费支出分别为21亿元、23亿元、12亿元，R&D经费总量较少，均在25亿元以下。

表8　　　　　　　　R&D经费内部支出合计　　　　　单位：亿元

城市	2008年	2009年	2010年	2011年	2012年	2013年	2014年	2015年	2016年
广州	20.69	103.05	118.77	140.67	158.06	165.69	189.62	209.80	228.98
佛山	52.60	62.76	92.22	115.89	146.88	161.15	182.93	192.99	194.88
肇庆	2.20	4.32	6.94	10.16	12.55	15.61	17.39	19.67	22.02
深圳	243.72	279.71	333.31	416.14	488.37	584.61	640.07	732.39	842.97

续表

城市	2008年	2009年	2010年	2011年	2012年	2013年	2014年	2015年	2016年
东莞	41.38	47.67	49.51	61.25	74.83	98.37	115.05	126.79	132.77
惠州	1.71	8.95	17.60	31.46	43.54	51.87	54.74	59.72	67.69
珠海	21.09	13.40	20.31	27.51	31.24	34.57	38.65	43.40	49.05
中山	23.12	27.90	35.06	46.04	53.15	61.19	66.39	69.24	74.79
江门	11.57	8.52	12.10	22.57	27.84	31.80	35.04	38.74	40.28
香港	1.14	1.20	1.24	1.29	1.27	1.46	1.56	1.99	2.62
澳门	1.57	1.96	2.26	2.62	2.78	2.95	3.08	3.20	3.87

六 结论与建议

粤港澳大湾区各城市的创新绩效在近9年都有显著提升，但区域内各城市的创新绩效存在显著差异，其中，香港的平均技术创新效率高达0.81469，而肇庆的平均技术创新效率值仅为0.67539。针对这种情况，使用空间统计模型，对各城市的空间关联程度进行分析。结果表明，整体区域不存在较强的空间自相关性，局部区域中技术效率低的城市倾向于向低技术效率的城市集聚，即各区域趋向于非相似性集聚，这种空间的不协调极大地影响了区域创新技术的发展，且容易造成资源的浪费。为了提高区域创新绩效的空间相关性，并针对各区域资源的投放差异，提出以下几点建议。①政府应加强粤港澳大湾区各城市之间的区域合作，引导各城市协同发展，实现优势互补，推动"创新生态系统"的创建。积极探索政策体制创新，打造新型合作平台，为湾区协同发展提供制度保障。②在提高本地经济实力的同时，增加科技支出的强度。经济实力基础是科技创新发展的基石，因此在关注科技投入之外，不能忽视本地的经济发展，建议对本地现有的产业进行升级及优化，并发挥广州、深圳和香港金融中心的作用，运用科学技术提高企业的生产效益，实现经济增长。③建立和完善科技人才保障机制。科技人才是科技资源中最具主观能动性的一部分，同时也是科技创新中最重要的基础。因此,建议学习深圳的人才引进计划,为人才提供充足的科研资金,使科技人员的收入与其研究开发能力、业绩挂钩,调动科技人员科技创新的积极性。创新人才合作机制,营造良好创业环境,打造湾区"创新人才高地"。

参考文献

[1] 易伟明、刘满凤:《区域创新系统创新绩效分析与评价》,《科技进步与对策》2005年第3期。

[2] 苏屹、李柏洲:《基于随机前沿的区域创新系统创新绩效分析》,《系统工程学报》2013年第1期。

[3] 周景坤、段忠贤:《区域创新环境与创新绩效的互动关系研究》,《科技管理研究》2013年第22期。

[4] 白俊红、蒋伏心:《协同创新、空间关联与区域创新绩效》,《经济研究》2015年第7期。

[5] 谭俊涛、张平宇、李静:《中国区域创新绩效时空演变特征及其影响因素研究》,《地理科学》2016年第1期。

[6] 李婧、何宜丽:《基于空间相关视角的知识溢出对区域创新绩效的影响研究——以省际数据为样本》,《研究与发展管理》2017年第1期。

[7] 刘艳春、孙凯:《中国区域创新绩效评价的影响因素研究——基于面板数据空间杜宾模型计量分析》,《工业技术经济》2016年第10期。

[8] 张浩然:《中国城市经济的空间集聚和外溢:理论分析与经验证据》,博士学位论文,吉林大学,2012年。

[9] 寻晶晶:《我国区域技术创新绩效的空间差异及影响因素研究》,博士学位论文,湖南大学,2014年。

[10] 高霞、陈凯华、官建成:《标度无关性视角下的我国区域科技创新绩效评价研究》,《中国软科学》2012年第8期。

[11] Meeusen W. J., Broeck V. D., "Efficiency Estimation from Cobb-

Douglas Production Functions with Composed Error", *International Economic Review*, 1977, 18 (2): 435 -444.

[12] Battese G. E., Corra G. S., "Estimation of a Production Frontier Model: With Application to the Pastoral Zone of Eastern Australia", *Australia Journal of Agricultural Economics*, 1977, 21 (3): 169 -179.

[13] Aigner D., Lovell C., Schmidt P., "Formulation and Estimation of Stochastic Frontier Production Function Models", *Journal of Econometrics*, 1977, 6 (1): 21 -37.

[14] Battese G. E., Coelli T. J., "Frontier Production Functions, Technical Efficiency and Panel Data: With Application to Paddy Farmers in India", *Journal of Productivity Analysis*, 1992, 3 (1-2): 153 - 169.

[15] Jondrow J., Lovell C., Materov I. S., et al., "On the Estimation of Technical Inefficiency in the Stochastic Frontier Production Function Model", *Journal of Econometrics*, 1982, 19 (2-3): 233 -238.

[16] Cliff, A. D., Ord, J. K., "Testing for Spatial Autocorrelation among Regression Residuals", *Geographical Analysis*, 1972, (4): 267 -284.

The Research on the Spatial Effect of Innovation Performance in Guangdong - Hong Kong - Macau Greater Bay Area

Abstract: This paper based on the stochastic frontier model to measure a large bay area cities of Guangdong - Hong Kong - Macau Greater Bay Area innovation performance, using Moran's I index and Geary's C index research each urban spatial structure and spatial correlation in the bay area. Based on local indicators and Moran scatter plot, get different spatial agglomeration situation of city and adjacent area, and then according to the geographical location, research spending, talent input indicators such as mining the cause of the differences in different areas. It finds that a large bay area cities of Guangdong – Hong Kong – Macau Greater Bay Area innovation performance can be divided into three gradient levels, lack of space in each region of the correlation, and between different areas tend to be low spatial agglomeration, differences for the innovation and development of urban agglomerations, puts forward the corresponding suggestions.

Keywords: Guangdong – Hong Kong – Macau Greater Bay Area, Regional innovation performance, Spatial autocorrelation

汇率波动对中国进口价格弹性的影响
——基于贸易开放和产业升级的视角

田云华[①]　王凌峰[②]　王　乐[③]

摘　要：汇率是调节国际贸易收支的重要工具，而汇率的不完全传递将削弱汇率的调节作用，贸易壁垒造成了国家之间价格差异长期存在，妨碍了汇率的完全传递。本文将1999—2012年中国HS-6位产品进口价格、关税、非关税壁垒数据同人民币汇率和行业生产率匹配后，沿用Amiti等（2014）的实证模型，定量分析贸易壁垒对汇率传递率的冲击。我们发现非关税壁垒的提高导致了汇率传递程度的增加，关税和行业生产率的提高均显著抑制了中国汇率传递程度。拓展检验发现人民币汇率传递存在方向不对称性，即在人民币贬值时期，非关税壁垒的增加反而抑制了汇率传递。最后，本文依据提出贸易政策与外汇政策的协同作用和机制，为经济新常态下政府制定相关金融政策、贸易政策及贸易企业决策提出了意见与建议。

关键词：汇率不完全传递；进口价格；关税；非关税壁垒；生产率

[①] 广东外语外贸大学经济贸易学院。
[②] 广东外语外贸大学经济贸易学院。
[③] 广东外语外贸大学经济贸易学院。

一 引言

汇率是调节国际贸易的重要杠杆,在布雷顿森林体系瓦解以后,越来越多的国家采用浮动汇率制度,汇率传递研究兴起。在浮动汇率制度下,汇率波动加大,然而国际贸易流动并未如期望的随汇率的变化而做出有效地调整,产生了"调整之谜"(adjustment puzzle)。对此学者们在一价定律和购买力平价理论基础上发展了弹性理论,基于弹性理论提出"悲观弹性"(指供给需求弹性低),但仍无法解释"调整之谜"。这些理论有三大缺陷:①一价定律和购买力平价理论成立的前提条件在现实中无法满足;②不能提供汇率传递在时间上的动态特征;③忽略了面对汇率变动时厂商供给的变化(Venables,1990)。

随着中国成为世界第二大经济体,人民币国际化水平赶超日元和英镑,形成了与美元、欧元"三足鼎立"的局面。"721汇改"引入参考一篮子货币之后,人民币汇率放弃与美元挂钩,中国形成了更具弹性的人民币汇率机制。"811汇改"使得人民币兑美元汇率中间价格机制进一步市场化,能够更加真实地反映当期外汇市场的供求关系。2017年2月,因人民币汇率的大幅波动,中国出现了3年以来的首次贸易逆差,这掀起了对人民币汇率讨论的新热潮。

人民币汇率的波动首先对中国进口价格产生直接影响。大量的文献证明,汇率波动对进口价格的传递效应是不完全的(Campa等,2005;López-Villavicencio等,2017;万晓莉等,2011;曹伟、申宇,2013;胡冬梅、吴心弘,2015;刘旸、孙开焕,2015;潘长春,2017)。其中,贸易壁垒作为市场分割的一种形式,是导致汇率不完全传递的重要因素(Dornbusch,1987)。虽然从关税总协定到世界贸易组织成立,发达国家主导的关税削减已经将全球关税总水平下降至较低水平,多数发达国家的平均关税在5%以下,但是这并不代表贸易壁垒的减少,也不代表当前贸易自由化已经较为广泛。事实上,阻碍全球贸易增长和市场开放的障碍已经由关税壁垒转向种类和数量不断增加的非关税壁垒。

开放是国家繁荣发展的必经之路，中国开放的大门不会关闭，只会越开越大。习近平总书记在党的十九大报告提出"推动形成全面开放新格局"，"发展更高层次的开放型经济"。当下，中国产业转型和结构升级已进入实质性阶段，特别是在加入 WTO 以后，贸易自由化促进了中国企业生产率大幅提升，外国商品的竞争优势略显不足（余淼杰，2010）。文献表明，生产率在汇率不完全传递效应中发挥着重要的中间调节效应。可以认为，汇率政策、贸易开放和产业升级共同影响着国外厂商的定价策略，三者的共同作用使得中国进口价格波动更加复杂多变和难以预测。本文基于贸易开放和产业升级的视角，研究人民币汇率波动对中国进口商品价格的不完全传递效应，是对中央新发展理念的有益探索。

本文余下部分结构安排为：第二部分简要梳理相关研究；第三部分介绍数据来源、处理方法和描述统计；第四部分介绍计量模型和实证结果；第五部分进行稳健性检验；第六部分提出结论、政策建议和未来研究展望。

二 文献综述

（一）汇率传递定义与发展历程

汇率传递（Exchange Rate Pass-through，ERPT）主要研究汇率变动对以商品目的地货币计价的商品价格的影响程度，即进口价格的汇率弹性。根据传递程度的大小，可以将 ERPT 分为完全传递、不完全传递和零传递。若汇率变动完全反映到价格上，则汇率是完全传递的；若汇率波动幅度大于商品价格波动幅度，则说明汇率传递是不完全的；若汇率波动的情况下，商品价格不变，则说明汇率传递率是零。

对 ERPT 的理论研究大体经历了三个阶段：第一阶段从验证"一价定理"的有效性开始，梳理基本概念，奠定了 ERPT 一般分析框架。接下来在 20 世纪 80 年代，"依市定价"（Pricing to Market，PTM）理论的出现扩展了研究视角，强调市场结构是研究中不容忽视的因素，众多研究者开始通过产业组织理论和不完全竞争模型探讨汇率不完全传递的原因。ERPT 研究在 20 世纪 90 年代以后，伴随新开放宏观经济学的进一步发展，从微观转向宏观层面，ERPT 的稳定性、货币政策的制定和实施效果、最优汇率政策的确定等成了研究重点。

（二）汇率不完全传递的成因

在不完全竞争市场上，进出口厂商具有一定的市场势力（Market Power），这使得国内外价格偏离"一价定理"，导致汇率波动常常被进出口商的价格调整所抵消，即汇率的不完全传递。截至目前，学界已经发现诸多导致不完全汇率传递的因素。

1. 依市场定价

（1）价格歧视

从进口国对出口厂商产品的需求弹性入手，Krugman（1986）和 Marston（1990）等运用垄断厂商价格歧视的依市定价模型理论上验证了价格歧视对汇率不完全传递的影响。

（2）市场份额

Dohner（1984）运用无限期界的跨时最优化模型研究了面对汇率变动出口厂商的定价行为，指出若汇率冲击是一时性的，汇率变动越短暂，定价反应将越小。Froot 等（1988）运用两期市场份额模型指出存在两种相反的效应：成本效应和利率效应，解释了市场份额对汇率传递的影响机制。

（3）沉没成本

Baldwin（1988）指出当汇率变动区间在不改变市场结构的范围内时，随其宽度增大会因沉没成本的上升而降低汇率传递率，当汇率变动足够大时则会使汇率传递率上升。Dixit（1989）进一步得出厂商在汇率波动时不采取行动的区间越宽，进口价格变动迟缓现象越显著。

（4）调整成本

Kasa（1992）则通过调整成本模型指出发生汇率变动时，厂商会评估汇率变动持续性而做出不同的反应，其中暂时性汇率变动的汇率不完全传递更明显。

2. 市场结构

Dornbusch（1987）运用古诺竞争模型分析得出产业的市场竞争越激烈，汇率传递率越大；进口品在市场总销售中的比例越大，汇率传递率也会越大；进口品在本国市场供给中的份额是解释汇率变动价格效应的关键因素。Feinberg（1986）则认为市场集中度越高，汇率对国内价格的传递效果越小；进口渗透率越高，汇率对该行业产品的进口价格的传递程度也越大。Yang（1997）指出进口商品价格的汇率传递率依赖于本国和外国产品的替代程度、边际成本对产出的弹性以及外国厂商的市场份额，且弹性越小汇率传递效应越大。

3. 跨国公司内部交易

跨国公司主要通过稳定产品出售市场价格的方式来平抑市场波动和大的冲击。因此，跨国公司主要采用以下三种方式应对汇率波动：第一，拥有销售权子公司的厂商倾向于按照外国市场的货币定价；第二，厂商内部交易中应用内部汇率；第三，跨国公司内部交易的支付时间设置弹性较大。Grassman 等（1973）指出跨国公司内部交易的形式相较国家之间更加自由，所以对于跨国公司，其子公司所在国的销售价格对汇率变动不敏感，从而导致汇率对进口价格的传递程度减小。

4. 生产率

近年来，国内对汇率传递的研究大多数基于宏观层面的理论和变量。Berman 等（2012）从微观理论和数据得出高生产率的企业会吸收更多的汇率变动从而导致价格的不均匀的结论，在一定程度上解释了汇率对进出口疲软的影响。同时发现高生产率企业的加成率也越高，所以企业通过改变加成率去改变价格会更加灵活，而在汇率变动时价格的变动并不大。在这之后，国内学者也逐渐开始通过企业异质性的角度和国内微观企业数据去分析人民币汇率传递的问题。Li 等（2014）和王雅琦等（2015）也得出了与 Berman 等（2012）相似的结论，即生产率越高的企业更倾向于提高产品的质量而不提升价格，导致其汇率的传递率越低；而低质量的产品可能带来更高的汇率传递率。然而以上研究只是把各要素孤立地研究而不是作为企业异质性问题的各个自变量研究，因此，向训勇等（2016）定性、定量总结出企业异质性对人民币汇率传递产生显著影响，具体表现为体现企业异质性的进口中间投入额和企业生产率分别通过边际成本和价格加成两种渠道影响汇率传递率。

5. 关税壁垒

Macera 等（2015）在 Gali 等（2005）的模型基础上在短期内引入了进口价格的不完全汇率传递，发现进口关税冲击对进口商品的国内价格和消费价格总量均有正向影响。王胜和邹恒甫（2004）通过分析关税变动对经济影响的传导机制，证明关税水平在汇率决定的过程中起着重要作用。万晓莉等（2011）研究了 10 个产业的关税水平在汇率对进口价格传递效应中的中间调节作用，通过分布滞后模型发现无论短期或长期，各产业的汇率传递系数都存在较大的不同，其中资源类产品的进口价格传递弹性普遍较高，高于高附加值的机械产业。随着关贸总协定对各国关税的规定收紧，关税对汇率不完全传递的中间效应逐渐减弱。

6. 非关税壁垒

Bhagwati（1992）指出非关税壁垒是在汇率传递的研究中容易被忽视的重要因素。Branson（1989）指出当存在非关税壁垒的情况时，货币贬值首先导致的是受非关税壁垒约束的进口额外费用的下降而不是进口价格的上升。只有当进口国货币贬值使得进口限制无效时，货币贬值才会导致进口价格上升，进而有完全的汇率传递。Alston 等（1992）通过对农产品贸易数据的分析，证明对农产品贸易实施的扭曲政策是影响汇率不完全的原因。Menon（1996）利用澳大利亚加工业进口数据，发现数量限制会降低汇率传递的程度，并且同公司内贸易具有协同作用，对汇率传递程度起调节作用，同时，这种调节作用具有行业异质性。Knetter（1994）认为当存在数量限制的情况下，出口国货币贬值则会使得出口企业更容易采用依市定价策略。若企业意图提高其市场份额，则出口国货币升值时，依市定价的情形出现更多。Blonigen 等（2002）

利用美国与加拿大的钢铁贸易数据,发现美国商务部对反倾销调查的行政复议制度会对汇率传递率产生重要影响,当产品被最终认定为倾销时,其汇率传递程度会急剧上升,而未受到反倾销的产品的汇率传递程度保持稳定。

随着非关税措施类别和形式的多样化,学者逐渐将注意力转移至NTMs对于汇率传递的影响。Mallick等(2008)通过印度1990—2001年进口贸易数据,发现NTMs对ERPT与TRPT的影响并不显著。Baghdadi等(2016)利用细分的产品零售数据研究NTMs对突尼斯国内价格的传导,发现汇率传递率小于其他发展中国家,且主要由农产品的进口NTMs导致,其认为出现不完全传导的原因是存在不完全竞争及国家干预。

(三)汇率不完全传递的宏观原因

20世纪末,基于新开放经济宏观经济学理论框架,学界开始寻找汇率传递不完全现象产生的原因和机制。宏观层面的因素可能不是导致汇率不完全传递的主要原因,但也同样影响着汇率传递率的演变。例如,Taylor(2000)通过研究交错定价模型,指出更低的通货膨胀降低了厂商对于通货膨胀的预期,稳定了厂商调整价格的行为,从而降低汇率传递率。Marazzi等(2007)指出美国进口价格的汇率传递率的下降趋势可能与美国近年来通货膨胀较低有很大关系。Devereux等(2004)发现若一国采取通货膨胀钉住的货币政策,国内出口厂商更多选择本国货币定价策略,导致外国价格水平更加不稳定。

(四)汇率传递成因述评

不同时期的研究均表明汇率对价格的不完全传递是普遍且长期存在的。通过对汇率不完全传递的成因的文献回顾,本文发现:

第一,货币政策或金融工具对于汇率传递的时滞和影响区域缺乏足够的实证研究,并且以往的研究成果对于经济发展的指导意义,尤其是对于新时代的中国经济社会建设发展的指导意义较弱。资本控制方、监管者、劳动提供方，对于市场变化或第三方预期管理调控是否具备完整的影响链条深入到利率和汇率，目前的文献大多集中在定性研究或较为模糊的定量研究。同时，现有的文献大多采用动态一般均衡模型在小国开放经济框架下进行研究，基于国与国或者企业与企业之间的数据，对于所研究出的规律适用于何种范围的经济组织尚未可知。

第二，目前关于汇率不完全传递与非关税壁垒之间关系的研究较少，从人民币汇率入手研究中国的汇率不完全传递的文献更少。不同制度下和不同外部贸易环境中的交易成本对于汇率传递率的变动影响的研究，在当今国际贸易中的关税壁垒的广泛关注与普遍应用中，具有极大的现实意义。近年来，随着"逆全球化"的出现，包括美国频繁启用单方面"301"调查等多种单边贸易壁垒。日益增多的非关税壁垒隐蔽多样，界定清晰度不足，而且具有较大的不可逆性，对于这方面缺乏足够的相关文献。

三 数据来源与处理

中国进口产品单价由世界银行 WITS 数据库数据计算得出。WITS 数据库包含 4920 种 HS-6 位产品 1999—2012 年的进口总价值和进口数量数据，本文使用进口总价值除以进口数量得到以现价美元计价的进口产品单价。

非关税措施数据由作者自行收集整理。通过收集中国政府文件并根据 UNCTAD（2012）[①] 提出的最新分类方法进行分类，整理，统计和建立的中国非关税措施数据库。

关税数据来自世界银行 TRANS 数据库，记录了中国 1999—2012 年 HS-8 位产品的进口关税，包括中国对进口产品实施的一般关税（General Tariff）、最惠国关税（MFN Tariff）还有中国针对特定国家的特定产

---

① UNCTAD：《非关税措施的国际分类》，2012 年。

品的特惠税率、针对自由贸易区和针对欠发达国家的关税安排以及针对非洲最不发达国家的特别优惠税率等。在数据处理中，为了能够实现数据准确合并，本文首先使用简单平均法计算 HS-6 位产品进口关税，即对 HS-6 位产品下所有 HS-8 位产品税率计算简单算术平均。之后通过国家、时间和产品三个识别变量将产品进口单价同进口关税两套数据合并。需要注意的是，由于 2012 年进口关税数据缺失，我们使用 2011 年数据进行代替。

行业数据来自国泰安 CSMAR 工业行业数据库，包括 714 个行业[①]在 1999—2012 年的多项经济指标，如流动资产、固定资产、劳动生产率、利润总额等。我们选取档期的行业总产出、劳动人员和资本存量三个变量，利用 Solow 余值法计算当期该行业生产率。由于国际上采用 ISIC 作为行业分类标准，并由联合国贸发会提供了 HS-6 位产品代码与 ISIC 行业对应表。本文利用国家统计局公布的 GB/T-4754 与 ISICv3.0 对应关系表，将国泰安 CSMAR 数据库中的行业代码转换为 ISICv3.0 下的行业代码，通过行业代码为每个进口产品匹配其所属中国行业的生产率。

Penn World Table 9.0 数据库（简称 PWT9.0）提供了本文所需要的汇率数据，包含 182 个国家 1999—2012 年以美元标价的年平均名义汇率，利用 1999—2012 年《中国统计年鉴》中，人民币与美元年平均名义汇率将其换算成以人民币标价的汇率。

最后进行数据合并，本文根据产品、国家和时间三个识别变量合并产品进口单价、进口关税和遭受的非关税措施数量三套数据；根据国家和时间合并经处理后的 PWT9.0 汇率数据；根据联合国贸发会提供的对应关系表，通过行业代码和，得到实证研究中所使用的数据。表 1 是对本文样本数据的描述统计。

---

① CSMAR 数据库中行业分类遵从中国 GB/T-4754 标准。

表1 样本数据描述

变量	观测值数量	均值	标准差	最小值	最大值
进口价格	2035656	3002.25	98516.78	0.0005	3.90e+07
覆盖比率	2035656	0.62	0.39	0	1
关税	2636839	12.39	1.34	0	1348.928
名义汇率	2035656	4.01	4.23	0.003	30.66518
生产率	1733540	12.39	1.34	6.9	16.09654
国内生产总值	2636839	1.01e+12	2.25e+12	7.2e+0.7	1.62e+13

四 模型与实证结果

（一）基准模型

近几年来各国贸易保护主义兴起使得非关税壁垒的形式和方法相比过去发生了较大变化，我们通过计算非关税壁垒的行业覆盖率（the Coverage Ratio，简称CR[①]）作为国外出口行业遭受中国非关税壁垒的测度变量，检验非关税壁垒对ERPT的影响。沿用Amiti等（2014）的开创性的研究成果，我们构造如下模型：

$$\Delta \ln p_{ijt} = (\beta_1 + \beta_2 \ln CR_{ijt-1} + \beta_3 \ln TFP_{it-1}) \times \Delta \ln e_{jt} + \gamma_1 \Delta \ln CR_{ijt} + \gamma_2 \Delta \ln TFP_{it} + \gamma_3 \Delta \ln GDP_{jt} + \eta_1 \ln CR_{ijt-1} + \eta_2 \ln TFP_{it-1} + \mu_t + \mu_{ij} + \delta_{ijt} \quad (1)$$

$\Delta \ln p_{ijt}$ 表示进口来源国 j 的 i 产品的进口价格，CR_{ijt} 代表 j 国 i 行业中遭受非关税壁垒的覆盖比率。$\Delta \ln e_{jt}$ 是进口来源国 j 的年平均汇率的对数差分我们通过控制进口产品 i 所属中国行业的全要素生产率（$\Delta \ln TFP_{it}$）来控制行业的生产力水平。同时，$\Delta \ln GDP_{jt}$ 表示进口来源国GDP的变化，用以控制需求驱动的价格调整。最后，为了使得汇率变动对进口定价的影响在进口来源地——行业维度上不随时间发生改

[①] $CR_j = \sum_i D_i V_i / \sum_i V_i$，其中 D_i 为 j 行业 i 产品是否遭受非关税壁垒的虚拟变量，V_i 为 j 行业 i 产品当期的进口价值。

变。我们在模型（1）中增加时间固定效应（μ_t）和进口来源地－行业（μ_{ij}）固定效应。

表2　　　　　　　　　　　基准模型回归结果

因变量：$\Delta\ln p$	(1)	(2)	(3)	(4)
$\Delta\ln e_{jt}$	5.089***	-0.088***	-0.088***	6.148***
	(15.87)	(-2.97)	(-2.96)	(19.19)
$\ln CR_{ijt-1} \times \Delta\ln e_{jt}$	0.043***			0.069***
	(5.74)			(8.73)
$\ln TFP_{it-1} \times \Delta\ln e_{jt}$	-2.028***			-2.469***
	(-15.90)			(-19.43)
$\ln CR_{ijt-1}$	0.044***		-0.014	-0.011***
	(7.92)		(-9.00)	(-7.25)
$\ln TFP_{it-1}$	0.283***		0.657***	0.617***
	(7.92)		(13.99)	(13.13)
$\Delta\ln CR_{ijt}$		-0.073	-0.081	-0.082
		(-62.16)	(-53.85)	(-54.16)
$\Delta\ln TFP_{it}$		0.124***	0.498***	0.462***
		(4.06)	(12.32)	(11.42)
$\Delta\ln GDP_{jt}$		0.063**	0.059**	0.064**
		(2.40)	(2.25)	(2.42)
年份固定效应	是	是	是	是
国家固定效应	是	是	是	是
观测值数目	951921	934641	934641	934641
R^2	0.757	0.158	0.683	0.683

注：***、**和*分别表示1％、5％和10％显著水平，括号内为t值。

表2的列（1）报告了未增加一阶差分控制变量的模型（1）的回归结果：汇率与进口价格呈现同方向变动；非关税壁垒交互项系数表明滞后一期非关税壁垒的增加导致了进口价格升高，这可能由于非关税壁垒增加了国外厂商的出口成本，而厂商通过上调出口价格来转嫁由于中国非关税壁垒而额外付出的合规成本；行业生产率交互项系数表明中国

行业生产率的提高有效抑制了国外厂商的提价行为，这可能是国内厂商和国外厂商存在竞争关系，行业全要素生产率提高代表了国内厂商的市场竞争力增强，如果国外厂商提高出口价格，则可能失去它的市场份额。增加控制变量的列（4）显示核心变量系数及显著性未发生明显变化，说明对国外出口商而言，非关税壁垒的增加可能促使其通过提高价格来转嫁合约成本，而国内厂商生产率提高将有效抑制国外厂商的溢价能力。GDP_{ijt}的符号与现有的理论和实证研究一致，国内生产总值衡量了出口国的生产能力，其增加进而导致进口价格上升。

（二）拓展性检验

1. 人民币升值和贬值对于汇率传递的影响有何不同

汇率传递程度在汇率升值和贬值时通常不同，学界将这种现象称为汇率传递的方向不对称性。Caselli 等（2016）认为汇率传递方向不对称有三个原因：第一是出口价格具有向下调整的刚性所以出口企业提高价格比降低价格更容易；第二是企业进入退出假说，Berman 等（2012）发现高绩效企业能够增加其成本加成和减少出口来应对货币贬值；第三是生产能力假说，当企业生产受订单约束且货币发生贬值时，企业往往会选择保持外币出口价格不变，此时汇率传递率为零。

由于汇率传递可能存在方向不对称性，本文在模型（1）的基础上将人民币升值虚拟变量与模型中交互项再次交互构造三交叉项，检验汇率变动和 NTMs 在人民币升值和贬值时传递程度是否相同，模型（2）中的 DP_t 为人民币贬值虚拟变量，贬值为 1，否则为 0。本文定义人民币贬值为以人民币标价的出口国货币年平均名义汇率较上期提高。升值则与贬值相反，其余变量解释同模型（1）：

$$\Delta\ln p_{ijt} = (\beta_1 + \beta_2 \ln CR_{ijt-1} + \beta_3 \ln TFP_{it-1}) \times \Delta\ln e_{jt} \times DP + \\ (\beta_4 + \beta_5 \ln CR_{ijt-1} + \beta_6 \ln TFP_{it-1}) \times \Delta\ln e_{jt} + \gamma_1 \Delta\ln CR_{ijt} + \\ \gamma_2 \Delta\ln TFP_{it} + \gamma_3 \Delta\ln gdp_{jt} + \eta_1 \ln CR_{ijt-1} + \eta_2 \ln TFP_{it-1} + \\ \mu_t + \mu_{ij} + \delta_{ijt} \quad (2)$$

表3　　　　　　　　　　汇率传递对称性检验

因变量：$\Delta \ln p$	（1）
$\Delta \ln e_{jt} \times DP_t$	17.432***
	(18.25)
$\ln CR_{ijt-1} \times \Delta \ln e_{jt} \times DP_t$	-0.055**
	(-2.11)
$\ln TFP_{it-1} \times \Delta \ln e_{jt} \times DP_t$	-7.364***
	(-19.30)
$\Delta \ln e_{jt}$	-5.639***
	(-8.02)
$\ln CR_{ijt-1} \times \Delta \ln e_{jt}$	0.115***
	(5.89)
$\ln TFP_{it-1} \times \Delta \ln e_{jt}$	2.531***
	(9.00)
$\ln CR_{ijt-1}$	-0.013***
	(-7.70)
$\ln TFP_{it-1}$	0.361***
	(7.38)
$\Delta \ln CR_{ijt}$	-0.082
	(-54.37)
$\Delta \ln TFP_{it}$	0.495***
	(12.21)
$\Delta \ln GDP_{jt}$	0.027
	(1.03)
年份固定效应	是
国家-产品固定效应	是
观测值数目	934641
R^2	0.079

注：***、**和*分别表示1%、5%和10%显著水平，括号内为t值。

表3是对汇率传递方向不对称性检验的结果，本文发现人民币汇率传递存在方向不对称性。具体来说，在人民币贬值时，汇率与价格同方向变动幅度高于升值时期，而非关税壁垒与行业生产率均抑制了汇率传

递程度。这可能是人民币购买力下降,导致中国进口商进口成本上升,国外厂商为了维持市场份额,可以选择通过提高管理或者生产能力等方式来降低其生产、管理成本以吸收由非关税壁垒带来的额外成本。而且在货币贬值时期,国内厂商生产力的提高对于外商提价行为的抑制作用也较升值时强。非关税壁垒与行业生产率在人民币贬值时期,导致人民币汇率传递程度降低。

2. 关税对汇率传递效应的中间影响相同吗

在控制行业特征的情况下,单独检验关税对汇率传递的影响,构造模型(3):

$$\Delta\ln(p_{ijt}) = (\beta_1 + \beta_2 \Delta Tariff_{ijt})\Delta\ln e_{jt} + \gamma_1 \Delta\ln TFP_{it} + \lambda_2 \Delta\ln GDP_{jt} + \eta_1 \ln TFP_{it-1} + \eta_2 Tariff_{ijt} + \psi_t + \mu_{ic} + \varepsilon_{ict} \quad (3)$$

其中,$Tariff_{ijt}$ 代表进口来源国 j 的进口产品在行业 i 遭受的平均关税,本文对关税进行简单算术平均后得到行业层次的进口关税水平,后取其差分作为主要自变量,其余变量说明同模型(1)。

表4　　　　　　　中国进口关税对汇率传递程度的影响

因变量:Δlnp	(1)
$\Delta\ln e_{jt}$	4.295 ***
	(13.64)
$\ln Tariff_{ijt-1} \times \Delta\ln e_{jt}$	-0.118 ***
	(-7.36)
$\ln TFP_{it-1} \times \Delta\ln e_{jt}$	-1.772 ***
	(-14.23)
$\ln Tariff_{ijt-1}$	-0.011 ***
	(-2.60)
$\ln TFP_{it-1}$	0.623 ***
	(13.25)
$\Delta\ln Tariff_{ijt}$	0.040
	(9.34)
$\Delta\ln TFP_{it}$	0.467 ***
	(11.42)

续表

因变量：$\Delta \ln p$	(1)
$\Delta \ln GDP_{jt}$	0.243 ***
	(9.44)
年份固定效应	是
国家–产品固定效应	是
观测值数目	1120639
R^2	0.066

注：***、**和*分别表示1%、5%和10%显著水平，括号内为t值。

表4展示了中国进口关税对汇率传递程度的影响。相比较非关税壁垒，滞后一期的关税抑制了汇率传递的程度，而当期的关税对价格的影响并不显著。对于关税的变动，出口厂商往往会选择自我消化而不是向进口价格传递。这可能由于关税往往与进口价格直接相关，而非关税壁垒对价格的影响并非显而易见，为了维持企业在中国的市场份额，出口商可能更倾向于汇率波动的情况下吸收关税而将非关税壁垒带来的成本增加转嫁至进口价格上。

五 稳健性检验

由于使用计算方法得到的产品进口价格可能与实际价格存在偏离，本文采用法国国际经济研究所贸易单位价值数据库（CEPII – TUV）的价格数据[1]，替换上文中基于WITS数据库中进口总额和进口量计算而得的价格，重新回归的系数与上述模型回归的结果一致，说明本文结论稳健[2]。

---

[1] CEPII – TUV 包含了世界上170多个国家和地区与250多个国家和地区进行贸易时的产品单位价值数据。

[2] 由于文章篇幅限制，我们并未给出稳健性检验结果。

六 结论与建议

本文通过合并多个数据库，利用 Amiti 等（2014）实证模型进行研究，发现关税、非关税壁垒和行业生产率对人民币汇率传递的影响各不相同。在汇率波动下，关税与行业生产率抑制了汇率传递程度，而非关税壁垒增加了汇率传递程度，这可能由出口厂商将合规成本转嫁至进口价格导致。通过对模型的扩展，本文发现人民币汇率传递存在方向上不对称，非关税壁垒与行业生产率在人民币贬值时期，导致人民币汇率传递程度降低。

随着人民币国际化的进一步加快，贸易开放与制造业产业升级进程中，人民币汇率的波动对进口商品价格的传递在行业数据的体现，将是政府贸易政策中的越来越受到重视的内容。本文所用的针对行业数据的实证分析，将是评估贸易政策对进口行业影响的有效方法，对行业在进口投入和产业升级也将具有一定的指导意义。

当今的国际环境中，中国对贸易政策所能采取的关税措施的空间相对较少，相应地，中国将更多地采用和面对非关税壁垒。本文发现，关税和非关税壁垒对汇率传递效应的中间影响不同，因此中国政府和出口行业在面对非关税壁垒时，应当谨慎地评估汇率的不完全传递效应于非关税壁垒在价格中的体现，是否使得国民福利和产业利益达到最大化。

随着人民币的国际化和以人民币结算行业和金额的增大，关于人民币汇率传递的研究仍需要不断深入，从不同行业、不同国家、不同产品进一步发掘可能存在的影响机制与渠道。在未来，我们将探讨农业中的关税与非关税壁垒在农产品汇率传递中所起到的中间调节作用，同时，探讨不同类型的非关税壁垒（TBT 措施、SPS 措施、两反一保等）的调节作用，进一步区分不同类型的进口来源国，在贸易壁垒的视角下研究从发展中国家与发达国家进口的农产品价格对汇率波动的反应程度。可以预见，人民币汇率的传递效应将随着研究对象和数据样本的深入而获得更多的实证补充和拓展。

参考文献

[1] 万晓莉、陈斌开、傅雄广：《人民币进口汇率传递效应及国外出口商定价能力——产业视角下的实证研究》，《国际金融研究》2011年第4期。

[2] 曹伟、申宇：《人民币汇率传递、行业进口价格与通货膨胀：1996—2011》，《金融研究》2013年第10期。

[3] 胡冬梅、吴心弘：《大宗商品进口汇率传递及动态趋势》，《财经科学》2015年第3期。

[4] 刘旸、孙开焕：《我国各行业出口汇率传递弹性的测算》，《商业研究》2015年第2期。

[5] 潘长春：《人民币汇率变动的价格传递效应——基于 TVP–SV–VAR 模型的实证检验》，《国际贸易问题》2017年第4期。

[6] 余淼杰：《中国的贸易自由化与制造业企业生产率》，《经济研究》2010年第12期。

[7] 王雅琦、戴觅、徐建炜：《汇率、产品质量与出口价格》，《世界经济》2015年第5期。

[8] 向训勇、陈婷、陈飞翔：《进口中间投入、企业生产率与人民币汇率传递——基于我国出口企业微观数据的实证研究》，《金融研究》2016年第9期。

[9] 王胜、邹恒甫：《关税、汇率与福利》，《世界经济》2004年第8期。

[10] Amiti M., Itskhoki O., Konings J., "Importers, Exporters, and Exchange Rate Disconnect", *American Economic Review*, 2014, 104(7): 1942–1978.

[11] Venables A. J., "Microeconomic Implications of Exchange Rate Variations", *Oxford Review of Economic Policy*, 1990, 6(3): 18–27.

[12] Campa J. M, Goldberg L. S., "Exchange Rate Pass-through into Import Prices", *Review of Economics & Statistics*, 2005, 87(4):

679 – 690.

[13] López-Villavicencio A., Mignon V., "Exchange Rate Pass-through in Emerging Countries: Do the Inflation Environment, Monetary Policy Regime and Central Bank Behavior Matter?", *Economix Working Papers*, 2017, 79: 20 – 38.

[14] Dornbusch R., "Exchange Rates and Prices", *American Economic Review*, 1987, 77 (1): 93 – 106.

[15] Dohner R. S., "Export Pricing, Flexible Exchange Rates, and Divergence in the Prices of Traded Goods", *Journal of International Economics*, 1984, 16 (1–2): 79 – 101.

[16] Froot K. A., Klemperer P. D., "Exchange Rate Pass-through When Market Share Matters", National Bureau of Economic Research Cambridge, Mass., USA. 1988.

[17] Baldwin R., "Hysteresis in Import Prices: The Beachhead Effect", *American Economic Review*, 1988, 78 (4): 773 – 785.

[18] Dixit A. Hysteresis, "Import Penetration, and Exchange Rate Pass-through", *The Quarterly Journal of Economics*, 1989, 104 (2): 205 – 228.

[19] Kasa K., "Adjustment Costs and Pricing-to-market Theory and Evidence", *Journal of International Economics*, 1992, 32 (1 – 2): 1 – 30.

[20] Feinberg R. M., "The Interaction of Foreign Exchange and Market Power Effects on German Domestic Prices", *The Journal of Industrial Economics*, 1986, 61 – 70.

[21] Yang J., "Exchange Rate Pass-through in US Manufacturing Industries", *Review of Economics and Statistics*, 1997, 79 (1): 95 – 104.

[22] Grassman S., Genberg H., "Exchange Reserves and the Financial Structure of Foreign Trade", *Journal of International Economics*,

1973, 5 (1): 103-104.

[23] Berman N., Martin P., Mayer T., "How do Different Exporters React to Exchange Rate Changes?", *Quarterly Journal of Economics*, 2012, 127 (1): 437-492.

[24] Li Y. A., Xu J. J., Zhao C. C., "Import Response to Exchange Rate Fluctuation: Evidence from Chinese Firms", 2014.

[25] Macera A. P., Divino J. A., "Import Tariff and Exchange Rate Transmission in a Small Open Economy", *Emerging Markets Finance and Trade*, 2015, 51 (sup6): S61-S79.

[26] Gali J., Monacelli T., "Monetary Policy and Exchange Rate Volatility in a Small Open Economy", *The Review of Economic Studies*, 2005, 72 (3): 707-734.

[27] Bhagwati J N., *The Pass-through Puzzle: The Missing Prince from Hamlet*, Palgrave Macmillan UK, 1992.

[28] Branson W. H. Beyond Trade Friction: The Limits of Monetary Coordination as Exchange Rate Policy, 1989.

[29] Alston J. M., Carter C. A., Whitney M. D., "Exchange Rate Pass-through Effects in Agriculture", Agriculture and Trade in the Pacific: Toward the Twenty-first Century Boulder: Westview, 1992, 261-294.

[30] Menon J., "The Degree and Determinants of Exchange Rate Pass-through: Market Structure, Non-tariff Barriers and Multinational Corporations", *Economic Journal*, 1996, 106 (435): 434-44.

[31] Knetter M. M., "Is Export Price Adjustment Asymmetric?: Evaluating the Market Share and Marketing Bottlenecks Hypotheses", *Journal of International Money and Finance*, 1994, 13 (1): 55-70.

[32] Blonigen B. A., Haynes S. E., "Antidumping Investigations and the Pass-through of Antidumping Duties and Exchange Rates", *American Economic Review*, 2002, 92 (4): 1044-1061.

[33] Mallick S., Marques H., "Pass-through of Exchange Rate and Tariffs into Import Prices of India: Currency Depreciation versus Import Liberalization", *Review of International Economics*, 2008, 16 (4): 765–782.

[34] Baghdadi, Leila, Kruse H. W., et al., "Trade Policy without Trade Facilitation: Lessons from Tariff Pass-through in Tunisia", *Trade Costs and Inclusive Growth*, 2016, 83.

[35] Taylor J. B., "Low Inflation, Pass-through, and the Pricing Power of Firms", *European Economic Review*, 2000, 44 (7): 1389–408.

[36] Marazzi M, Sheets N., "Declining Exchange Rate Pass-through to US Import Prices: The Potential Role of Global Factors", *Journal of International Money and Finance*, 2007, 26 (6): 924–947.

[37] Devereux M. B., Engel C., Storgaard P. E., "Endogenous Exchange Rate Pass-through when Nominal Prices are Set in Advance", *Journal of International Economics*, 2004, 63 (2): 263–291.

[38] Caselli F., Roitman A., "Non-linear Exchange Rate Pass-through in Emerging Markets", *IMF Working Paper*, 2016, 16 (1): 1.

Exchange Rate Fluctuations and China's Import Price Elasticity: In Perspectives of Trade Liberalization and Industry Upgrading

Abstract: The exchange rate is an important factor for regulating the balance of international trade. However, the incomplete exchange rate pass-through will weaken the regulatory effect of exchange rates. The trade barriers will cause long-term differences in product prices among countries and further hinder complete exchange rates pass-through. We use the empirical model of Amiti et al. (2014) to analyze the trade barriers effect for the degree of exchange rate pass-through with Chinese harmonization system (HS) six digits product level trade data, by matching the import prices, tariffs, total factor productivity (TFP), and non-tariff barriers with the RMB exchange rate from 1999 to 2012. We find that the increase in non-tariff barriers leads to an increase in the degree of exchange rate pass-through. In contrast, the increase in tariffs and industry productivity significantly reduces the degree of exchange rate pass-through. In the extension test, we find the exchange rate pass-through is asymmetric between the period of appreciation and devaluation. During the period of RMB devaluation, the increase in non-tariff barriers reduces the degree of exchange rate pass-through. Finally, we propose the synergies between trade policies and foreign exchange policies, which are important for the government to formulate relevant financial policies, trade policies, and for trade-related companies to make decision under the "new normal".

Keywords: Incomplete exchange rate pass-through; Import price; Tariff; Non-tariff barrier; Productivity

京津冀对内开放的协同研究*

马金秋① 赵秋运② 孙博文③ 叶堂林④

摘 要：加快京津冀对内开放的实质是消除各种要素自由流通的障碍、实现区域市场一体化，对促进京津冀协同发展具有重要意义。本文综合选取京津冀1986—2015年8大类商品价格、1985—2015年在岗职工平均工资、19个行业的平均工资水平、劳动生产率、资本生产率、固定资本形成价格等指标，采用离散系数分析法、劳动生产率比较法、资本生产率比较法和相对价格法对京津冀区域商品市场、劳动力市场和资本市场一体化水平进行测度。研究发现，京津冀三地总体市场一体化程度逐步提高，资本市场一体化程度落后于商品市场和劳动力市场一体化程度；区域内部的市场一体化程度有所不同，京冀的市场一体化程度低于京津、津冀地区。

关键词：京津冀协同发展；对内开放；市场一体化

---

* 本文受国家社会科学基金"基于区域治理的京津冀协同发展重大理论与实践问题研究"（17ZDA059）、中国社会科学院京津冀协同发展智库合作研究课题"京津冀对内开放的协同研究"的资助。
① 北京大学新结构经济学研究院，中国社会科学院京津冀协同发展智库。
② 北京大学新结构经济学研究院。
③ 北京大学光华管理学院，天津市静海新区京津冀协同办公室。
④ 首都经济贸易大学城市经济与公共管理学院。

一 引言

2014年2月26日，中共中央总书记习近平在北京主持召开座谈会，首次提出京津冀协同发展的概念。2015年4月30日，中共中央政治局通过了《京津冀协同发展规划纲要》（以下简称《纲要》），意味着京津冀协同发展正式成为国家重大发展战略，发展战略的顶层设计基本完成。京津冀协同发展，是指京津冀三地作为一个整体协同发展，重新优化空间布局与结构，加快区域市场一体化进程，形成优势互补、互利共赢的协同发展新格局。实现区域全方位一体化，尤其是加快市场一体化，破除限制资本、劳动力、技术等生产要素自由流动的行政机制，发挥市场在配置资源与生产要素方面的基础作用是实现京津冀协同发展目标的重中之重。

"对内改革、对外开放"的八字方针是中国改革开放40年来始终坚持的原则，这也是中国取得经济增长奇迹的关键性举措。京津冀地区在促进对外交流方面取得了巨大的成就，天津、秦皇岛被设为中国首批沿海开放城市，不仅促进北方地区开展对外贸易、吸收先进技术，也带动了区域内其他内陆城市的发展。广义上的开放不仅包括对外开放，也包括对内开放。当前中国处于经济发展的关键转轨期，急需转变发展方式、实现经济结构转型，这要求进一步打开国内市场，更好地对内开放。

当前京津冀协同发展面临的一个主要问题是区域内生产要素的自由配置受到行政手段的干预与阻碍，需要打破市场壁垒、建立区域统一的要素市场，加快京津冀对内开放。本文拟通过研究京津冀市场一体化水平的演变状况从整体上把握京津冀对内开放水平，为实现京津冀协同发展的政策制定提供有效依据。文章结构如下：第二部分是关于京津冀市场一体化、京津冀协同发展研究的文献回顾与述评；第三部分为对京津冀商品、劳动力与资本市场一体化程度的测度；第四部分分析了京津冀市场一体化的经济增长效应；第五部分为结论与对策。

二 文献综述

京津冀地区在中国的经济发展中占据重要地位，但其内部经济发展差距较大，区域协同发展是实现区域经济发展的根本路径。市场一体化是实现区域协同发展的基础和前提，要实现区域协同发展就必须首先实现区域市场一体化。从现有文献看，加快京津冀一体化、实现区域协同发展主要从以下六个方面研究。

第一，从商品市场一体化角度看，京津冀商品市场整合程度整体上波动上升但内部发展不均衡。国内一些学者基于相对价格法，研究京津冀区域商品市场一体化水平及趋势。陈红霞和李国平（2009）使用基于相对价格理论的市场一体化测度模型，发现京津冀区域市场的整合水平呈现"平稳—起伏—平稳"的变动趋势，区域市场一体化总体水平趋于提高，但内部发展不均衡。吕典玮和张琦（2010）从市场、产业和空间三个层面研究了京津一体化程度。邬晓霞等（2014）利用相对价格法，使用1985—2012年京津冀三地的商品零售价格指数构建市场一体化指数，测度发现京津冀市场一体化走势与津—冀、京—冀的市场一体化走势较为一致，总体水平趋于提高，但内部整合程度差异较大。陈甬军和丛子薇（2017）测算京津冀2001—2013年11大类商品相对价格指数，发现京津冀市场一体化程度在调整中不断提升。国外一些学者如Naughton（1999）、Poncet（2003）利用区域间贸易流量的变化研究区域间市场的整合状况。Xu（2002）利用产出结构、生产效率等手段度量区域间市场整合程度。

第二，从劳动力市场一体化角度看，京津冀劳动力市场的一体化程度逐步提高，但阻碍劳动力市场一体化的有关因素仍然存在。陈红霞和席强敏（2016）发现经济发展水平、人口吸纳能力、使用外资规模等影响区域劳动力市场的统一。赵金丽等（2017）借助多元回归模型分析2005—2012年京津冀劳动力市场的一体化程度，认为产业结构、人力资本、行政阻隔以及商品市场一体化程度是影响京津冀劳动力市场一体化的主要因素。

第三，从资本市场一体化角度来看，京津冀资本市场一体化发展程度较低，地方政府对资本市场的管制和对资金流动的限制是主要的制约因素。赵慧卿（2012）依据资本生产率、资本边际产出在产业层面与地区层面的不同，测度了中国资本市场的一体化程度及其变化趋势，并使用政策模拟方法评估资本市场的潜在利益，发现推动资本市场一体化能促进整体经济的增长。陈甫军和丛子薇（2017）选取固定资本投资价格等作为衡量京津冀资本市场一体化的指标，研究发现京津冀资本市场一体化滞后于商品市场一体化，地方政府的行政干预、信息不对称、区域市场垄断是主要的限制性因素。

第四，从测度方法来看，评价市场一体化水平的方法主要有四种。第一种是贸易流向法，McClallum（1995）认为地区间的贸易流量与地区生产总值、距离有关，利用加拿大省际和国际的贸易量测度地区市场一体化水平。第二种是价格法，包括 Barro 回归方法和相对价格法。第三种方法是经济周期法，通过测算各地区经济周期的相关性考察市场分割状况，各地区经济周期的相关性越高，则市场一体化程度越高。第四种方法是生产法，主要指通过分析地区制造业在生产效率、产业结构等多方面的差异测量地方市场的分割程度。

第五，实现京津冀市场一体化的关键在于突破行政体制分割，统筹区域产业协同发展。蓝庆新和关小瑜（2016）测算产业一体化指数，分析京津冀产业一体化的现状及问题，认为应落实京津冀协同发展规划、突破行政体制分割，统筹区域产业发展。周国富等（2016）分析了产业多样化和专业化对区域市场一体化的作用机制，发现京津冀的产业无关多样化与较低的专业化水平制约了市场一体化。赵娴和杨静（2017）使用区域投入产出分析法测度了京津冀流通业协同发展水平，发现流通业协同水平低影响了京津冀协同发展。

第六，京津冀区域的协同发展水平未达到最优，创新协同总体程度较低，但协同度在不断上升。张杨和王德起（2017）、鲁继通（2015）基于复合系统协同度模型，对京津冀协同发展及协同创新能力进行定量测度，结果显示：京津冀协同发展的有序度呈现出极大的空间差异性，但协同度在不断上升；京津冀区域协同创新的有序度也呈现出极大的空间差异性。冯怡康和王雅洁（2016）使用 DEA 模型对京津冀协同发展的动态效度进行测度，发现京津冀协同发展效度虽未达到最优，但协同度效率不断上升。

现有文献主要从以上六个角度对京津冀市场一体化水平、协同发展水平进行研究，并且主要集中在对某一要素市场或区域协同水平的研究，没有将市场一体化的研究与协调发展研究结合起来，也缺乏对京津冀对内开放程度的研究。本文在测度京津冀市场一体化水平的基础上，进一步评价京津冀对内开放水平，对现有研究进行一定的补充。

三 京津冀区域市场开放程度测度

（一）理论基础

萨缪尔森于 1954 年提出的"冰山成本模型"是使用相对价格法测算市场一体化水平的理论基础，i 地与 j 地的价格既可同向变动也可以反向变动，只要相对价格 P_i/P_j 的取值在一定范围内，就可以认为 i 地与 j 地的市场是整合的。模型认为，商品在运输的过程中存在损耗，产生"冰山成本"，即：

$$P_j = P_i e^{(f|y_j - y_i|)}, 0 < f < 1 \tag{1}$$

P_i 为商品在产地的价格，P_j 为商品在销地的价格，两地间的价格差由运输损耗成本造成。y_i 为产地，y_j 为销地，f 表示每单位商品在每单位距离间产生的运输成本。f 越大，运输损耗越高，两地间交易成本越大；f 越小，运输损耗越低，两地间交易成本越小。只要相对价格差不超过交易成本，即控制在一定的范围内，区域市场就可以看作是整合的。除运输成本外，贸易壁垒、信息不充分、垄断等都会产生交易成本；任意两个空间分异的地点，都可以视为产地和销地。这样，冰川模型就可用于市场一体化研究。

（二）测度方法——相对价格法

在运用冰川模型研究市场一体化的问题中，关键在于如何选择相对价格。Parsley 等（1996，2001）使用去均值方差测算相对价格的变动，认为市场分割将增大无套利区间，只有套利成本小于区域价格差，套利才存在，套利程度越低，价格差异越小，市场一体化程度越高。由于中国价格指数的统计多为环比指数，桂琦寒等（2006）对相对价格取一阶差分，以便更好地利用统计数据。本文在上述方法的基础上，对价格指数进行以下处理。

（1）计算价格差 $D_{ijt}^k = ln P_{it}^k - ln P_{jt}^k$，$i$ 和 j 分别代表两个不同的地点，k 为表商品类型，t 为时间。对数化处理时为了解决消除数据的测量单位问题、异方差和偏态性问题。

（2）计算相对价格的一阶差分 $\Delta D_{ijt}^k = ln \dfrac{P_{it}^k}{P_{jt}^k} - ln \dfrac{P_{it-1}^k}{P_{jt-1}^k}$，便于使用中国各类统计年鉴中商品的环比价格指数。

（3）计算相对价格一阶差分的绝对值 $|\Delta D_{ijt}^k|$，避免因地区价格放置顺序的不同而产生的符号差异。

（4）计算去除固定效应 a^k 后的价格差 d_{ijt}^k。固定效应 a^k 产生于商品的自身属性，只有剔除商品自身属性产生的价格波动，才能得到由市场因素产生的价格差别。因此，$|\Delta D_{ijt}^k| - \overline{|\Delta D_t^k|} = (a^k - \overline{a^k}) + (\varepsilon_{ijt} - \overline{\varepsilon_{ijt}^k})$ 即为商品 k 的 $|\Delta D_{ijt}^k|$ 在三组相邻地区间（京津、京冀、津冀）的平均值。$d_{ijt}^k = (\varepsilon_{ijt}^k - \overline{\varepsilon_{ijt}^k})$ 即市场因素及其他随机因素，记其方差为 $VAR(d_{ijt}^k)$，方差越小，市场一体化程度越高。

（三）数据来源与选择

本文全部数据来源于京津冀三地地方统计年鉴。关于商品市场，本文选取了 1986—2016 年京津冀三地 8 大类商品的价格指数，采用相对价格法测算京津冀商品市场的一体化程度。8 大类商品具体包括：食品、烟酒、衣着、家庭设备用品及服务、医疗保健服务、交通和通信、娱乐教育文化、居住商品的价格指数。选取的原则：（1）这8大类商品基本上涵盖了人民生活的衣食住用行；（2）分类与国家统计局数据保持一致，便于查找和进行同类对比；（3）现有研究多采用以上分类方法进行统计。关于劳动力市场，本文选取了2001—2015年城镇在岗职工平均工资、19个行业的平均工资水平、三大产业的劳动生产率，通过比较离散系数、劳动生产率、计算相对价格综合测度了京津冀劳动力市场的一体化水平。关于资本市场，本文选取了1985—2015年三次产业资本生产率、固定资本形成价格，采用相对价格法测度京津冀资本市场一体化程度。

（四）京津冀区域市场一体化趋势

本文首先计算了京津冀相邻省市的相对价格方差，分析京津冀相邻地区市场一体化的程度。相对价格方差越大，说明市场一体化程度越低，市场分割越严重；相对价格方差越小，说明市场一体化程度越高，市场整合程度越高。其次，计算了京津、京冀、津冀与京津冀整体相对价格方差的差值。差值越小，则说明相邻地区间的市场一体化程度与总体市场一体化的程度的差距越小。

1. 京津冀商品市场一体化测度

第一，如图1所示，京津两地相对价格方差的平均值为0.006131，京冀两地相对价格方差的均值为0.006856，津冀两地相对价格方差的均值为0.0217823，只有1987—1994年的相邻地区的相对价格方差高于其平均值，1994—2016年两地的相对价格方差逐渐降低并趋于0，京津、京冀、津冀间的商品市场化进程逐渐加快。三组方差的变动趋势基本保持一致，说明京津冀区域内的商品一体化速度与趋势大体保持一致。津冀两地的相对价格方差的均值低于京津两地与京冀两地，说明津冀商品市场的趋同度与一体化程度较高。

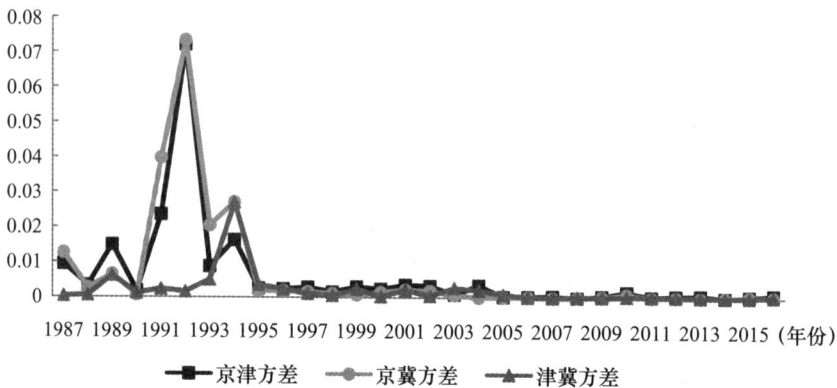

图1　1987—2016年京津冀区域相邻地区相对价格方差趋势

资料来源:《北京统计年鉴》《天津统计年鉴》《河北经济年鉴》。

第二,如图2所示,1987—2016年京津冀区域内商品市场相对价格方差的均值为0.004998,处于三组相邻地区相对价格方差的平均值之间。1994—2016年区域内相对价格方差逐渐下降并趋于0,说明区域商品市场一体化进程加快并逐步实现一体化。

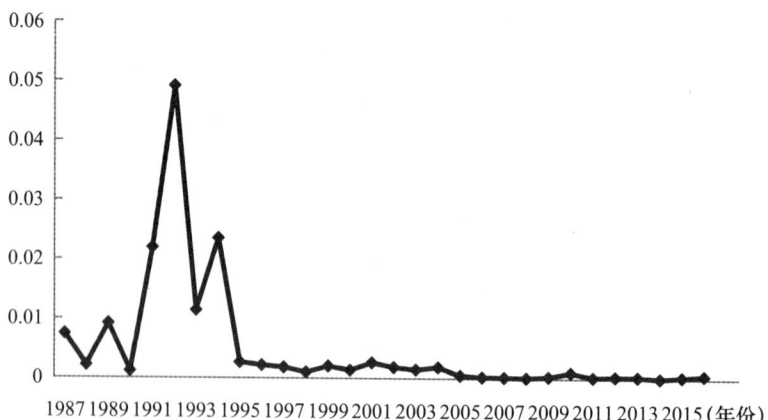

图2　1987—2016年京津冀区域相对价格方差趋势

资料来源:《北京统计年鉴》《天津统计年鉴》《河北经济年鉴》。

第三，如图 3 所示，1987—1995 年京津、京冀的相对价格方差与区域整体相对价格方差差值的绝对值小于津冀，说明津冀的相对价格方差对区域整体的相对价格方差的拟合程度最低，京津、京冀商品市场一体化程度更能代表区域总体水平；1995 年后三组相对价格方差与京津冀区域相对价格方差的差值基本为 0，说明三组数据与总体方差的拟合程度较高。

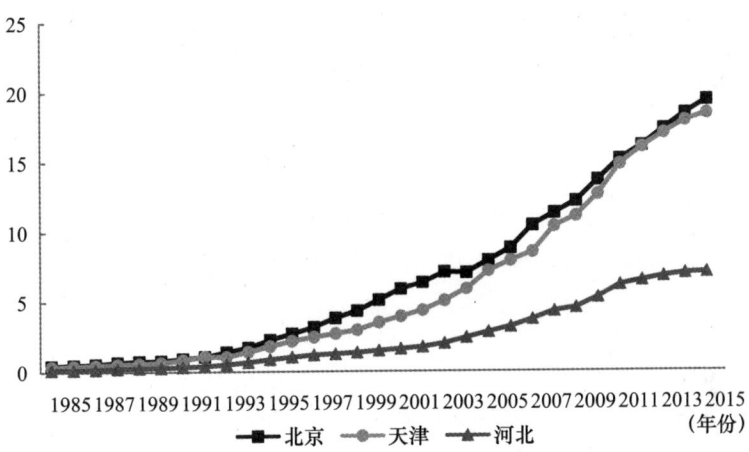

图 3　1987—2016 年京津、京冀、津冀与京津冀区域三组相对价格方差差值趋势

资料来源：《北京统计年鉴》《天津统计年鉴》《河北经济年鉴》。

2. 京津冀劳动力市场一体化测度

（1）京津冀三地劳动生产率比较

第一，就京津冀劳动生产率地区差异而言，在完全竞争市场条件下，不同地区的要素生产率相同。要素生产率不仅反映了劳动力的就业信息，也反映了地区间的生产力差异。图 4 显示，从 1992 年起，京津冀三地的劳动生产率呈快速上升趋势，北京与天津的劳动生产率大体保持一致的上升速度，而河北的劳动生产率低于京津两地，且与两地的差距很大。

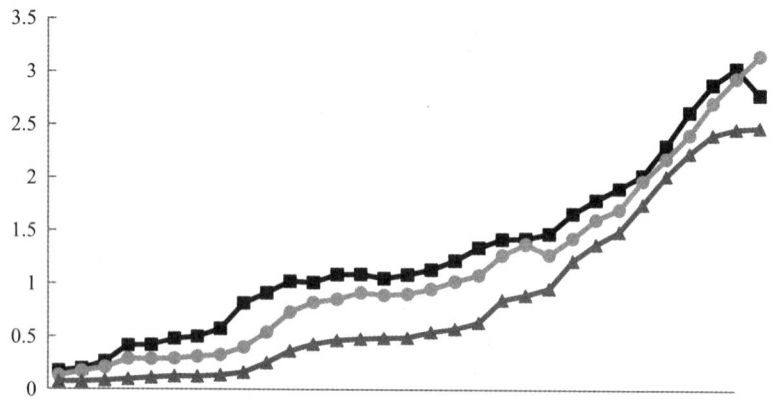

图4 1985—2015年京津冀劳动生产率的地区差异

注：地区劳动生产率＝地区生产总值/地区就业总人数。

资料来源：《北京统计年鉴》《天津统计年鉴》《河北经济年鉴》。

第二，如图5、图6和图7所示，京津冀地区的劳动生产率存在产业差异与地区差异。①从总体发展状况来看，河北省第一、第二、第三产业的劳动生产率均为最低，其中第一产业与京津的差距较小，而第二、第三产业与京津的差距较大。②从劳动生产率的变化趋势来看，第一产业劳动生产率的地区差异逐渐缩小，劳动力市场在第一产业中的一体化水平逐渐提高。北京与天津第二产业的劳动生产率基本相同，京津两地的第二产业基本实现了劳动力市场一体化。三地的第三产业劳动生产率的差距随时间呈不断扩大的趋势，说明第三产业劳动力市场分割程度较高。

（2）京津冀三地在岗职工平均工资的离散系数比较

离散系数是测量一组数据离散程度的指标，反映了数据的离散程度与平均值的稳定性。如图8所示，①1985—2015年京津冀三地在岗职工平均工资的离散系数随时间变化波动上升，说明三地劳动力价格波动在不断扩大，京津冀区域劳动力市场一体化的程度较低；②仅有个别年份京津冀三地在岗职工平均工资的离散系数有所降低,这难以改变京津冀劳动力市场分割程度扩大的趋势。

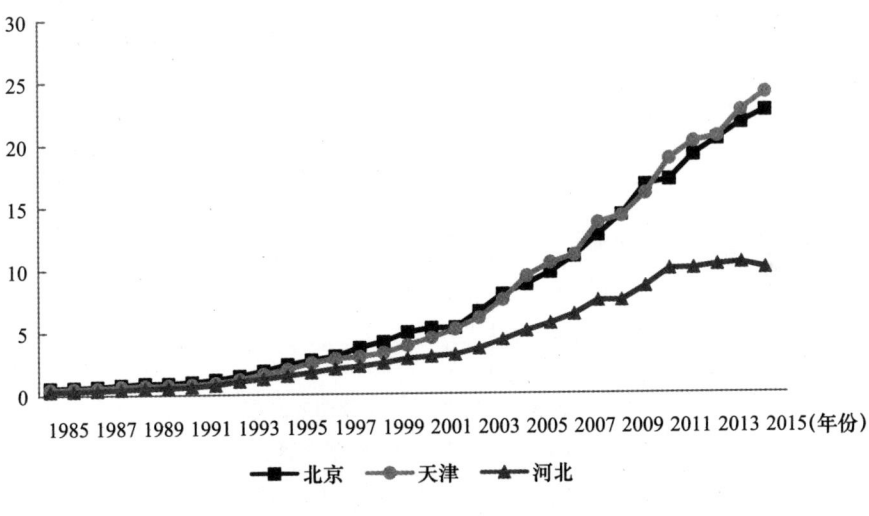

图 5　京津冀三地第一产业劳动生产率

注:第一产业劳动生产率 = 地区第一产业增加值/第一产业就业人数。

资料来源:《北京统计年鉴》《天津统计年鉴》《河北经济年鉴》。

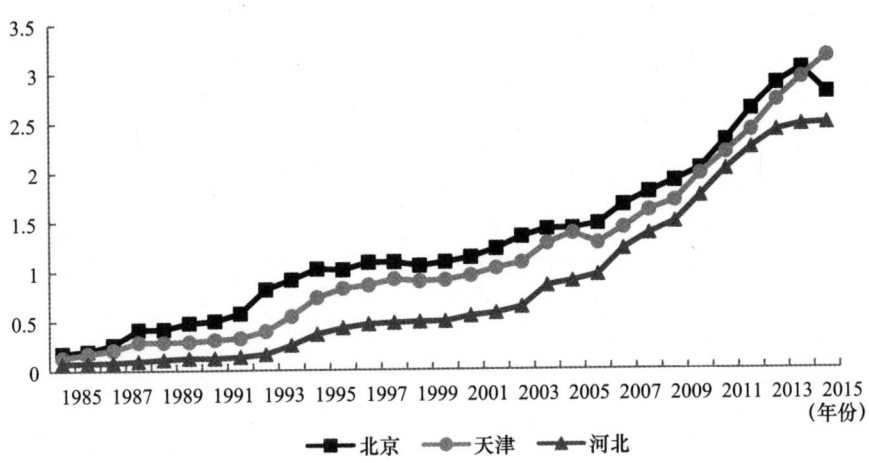

图 6　京津冀三地第二产业劳动生产率

注:第二产业劳动生产率 = 地区第二产业增加值/第二产业就业人数。

资料来源:《北京统计年鉴》《天津统计年鉴》《河北经济年鉴》。

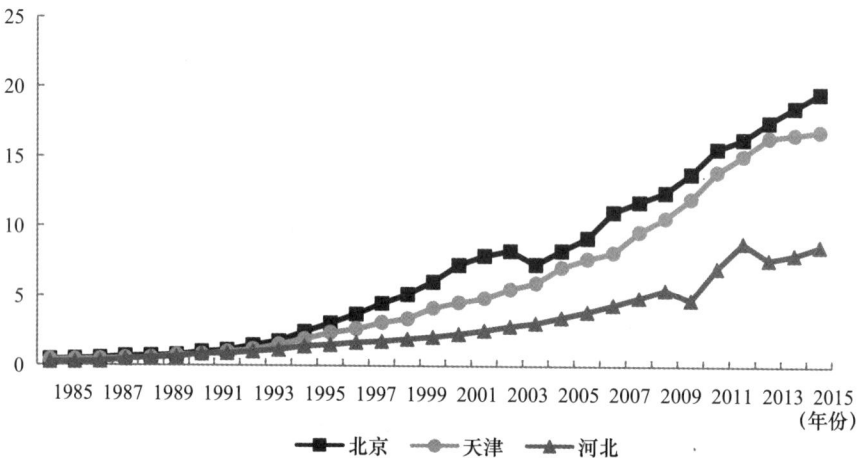

图 7　京津冀三地第三产业劳动生产率

注：第三产业劳动生产率 = 地区第三产业增加值/第三产业就业人数。

资料来源：《北京统计年鉴》《天津统计年鉴》《河北经济年鉴》。

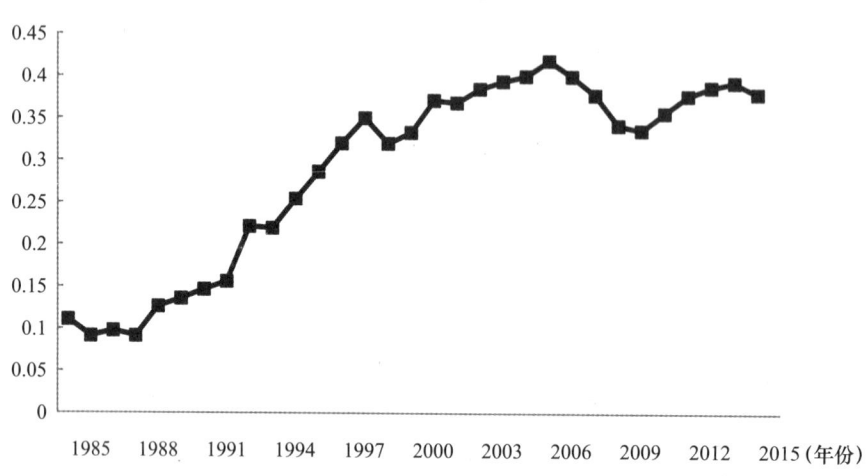

图 8　京津冀三地在岗职工平均工资的离散程度

资料来源：《北京统计年鉴》《天津统计年鉴》《河北经济年鉴》。

（3）京津冀三地劳动力相对价格指数比较

第一，如图 9 所示，京津两地相对价格方差的平均值为 0.021659，京冀两地相对价格方差的均值为 0.024669，津冀两地相对价格方差的均值为 0.010047，只有 2001—2005 年的相邻地区的相对价格方差高于其平均值，2005—2015 年两地的相对价格方差逐渐降低并趋于 0，说明京津、京冀、津冀间的劳动力市场一体化程度提高。三组方差的变动趋势基本保持一致，说明京津冀区域内的劳动力市场化速度与趋势大体保持一致。津冀两地的相对价格方差的均值低于京津两地与京冀两地，津冀劳动力市场一体化程度较高。

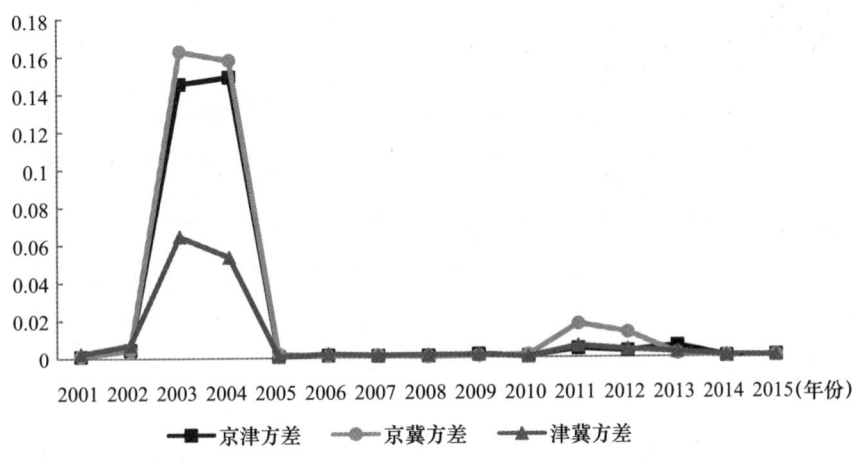

图 9　2005—2015 年京津冀区域相邻地区相对价格方差趋势

资料来源：《北京统计年鉴》《天津统计年鉴》《河北经济年鉴》。

第二，如图 10 所示，2001—2015 年区域内相对价格方差的均值为 0.018792，高于津冀两地相对价格方差的均值，小于京冀和京冀两地相对价格方差的均值。从 2005 年起，区域内劳动力的相对价格方差逐渐下降，说明区域内劳动力市场的一体化进程加快。

第三，如图 11 所示，2001—2015 年京津、京冀的相对价格方差与京津冀区域相对价格方差差值的绝对值小于津冀，说明津冀的相对价格方差对区域整体的相对价格方差的拟合程度最低，京津、京冀商品市场一体化程度更能代表区域总体水平；2005 年后三组相对价格方差与京津冀区域相对价格方差的差值基本为0，说明三组数据与总体方差的拟合程度较高，京津冀区域劳动力市场一体化进程步入新阶段。

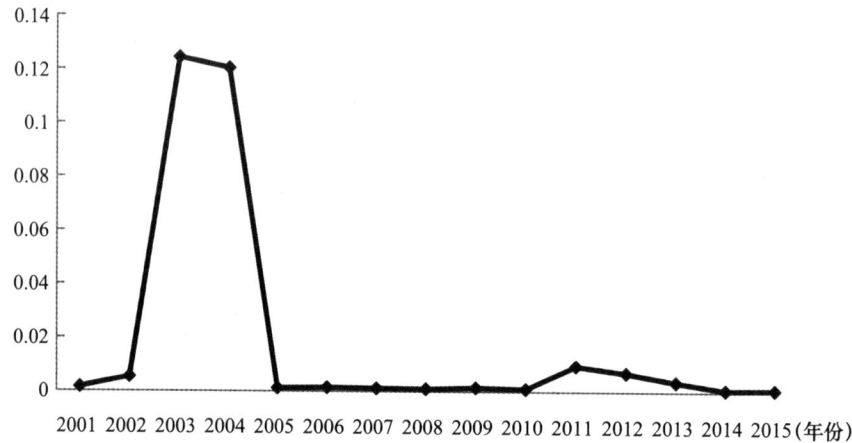

图10　2001—2015年京津冀区域相对价格方差趋势

资料来源：《北京统计年鉴》《天津统计年鉴》《河北经济年鉴》。

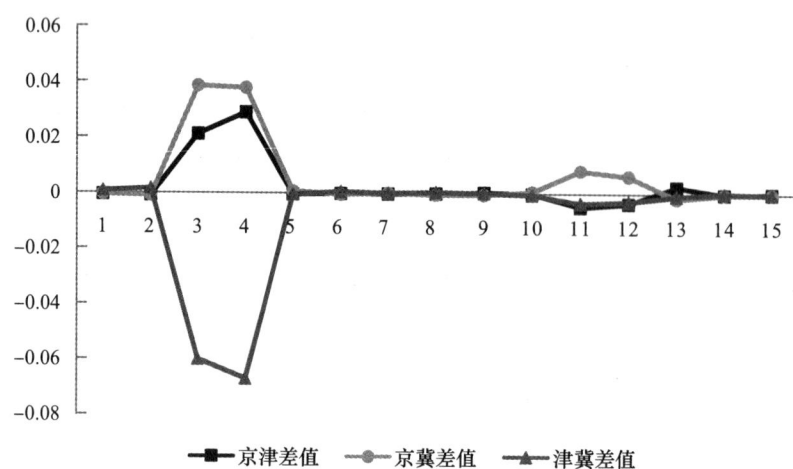

**图11　2001—2015年京津、京冀、津冀与京津冀区域三组
相对价格方差差值趋势**

资料来源：《北京统计年鉴》《天津统计年鉴》《河北经济年鉴》。

3. 京津冀资本市场一体化测度

（1）京津冀三地资本生产率比较

第一，就京津冀区域资本生产率的地区差异而言（见图12），三地的资本生产率存在差异。①从总体上看，河北省与天津市的资本生产率在1985—2015年总体呈下降趋势，北京市的资本生产率先下降后波动上升，说明三地的资本市场的分割度在逐渐扩大，资本市场一体化水平不高。②从资本生产率的大小来看，1985—2004年津冀的资本生产率高于北京，2004年后北京的资本生产率超过了津冀，说明津冀的资本使用效率低于北京。③从资本生产率的走势来看，河北省的资本生产率从高于京津逐步演变为大幅低于京津，这说明河北省的资本使用效率低，资本相对匮乏。

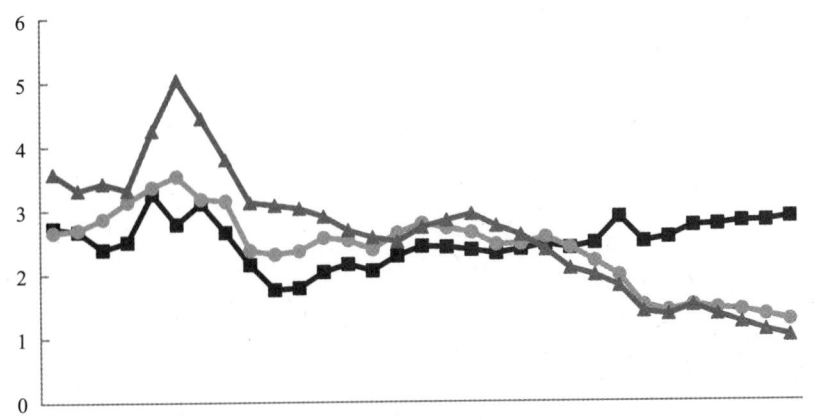

图12 1985—2015年京津冀资本生产率的地区差异

注：地区劳动生产率＝地区生产总值/地区固定资产投资总额。

资料来源：《北京统计年鉴》《天津统计年鉴》《河北经济年鉴》。

第二，就京津冀区域资本生产率的产业差异而言（见图13、图14和图15），三地产业间的资本生产率差异更为明显。①从总体上看，京津冀第一产业资本生产率长期高于第二、第三产业，说明区域农业发展中的资本要素相对匮乏。②从资本生产率的趋势来看,河北第一产业的资本生产率低于京津两地,北京第二产业的资本生产率大幅高于津冀两地,且差距随时间扩大,天津市第三产业的资本生产率高于京冀两地,河北省第三产业又高于北京,说明津冀发展第三产业的资本相对匮乏。③从资本生产率的趋同度来看,第一产业的资本生产率逐步收敛为相同水平,说明京津冀第一产业的资本市场一体化程度较高;津冀第二产业资本生产率的差距逐渐缩小,京津、京冀第二产业资本生产率的差距呈现扩大趋势,说明津冀第二产业的资本市场一体化程度较高,但是区域内第二产业的资本市场总体呈现为分割状态;津冀第三产业资本生产率低于北京且呈不断下降趋势,北京市的第三产业资本生产率呈不断上升趋势,三地第三产业的资本生产率差距逐步扩大,说明津冀发展第三产业的资本条件劣于北京。

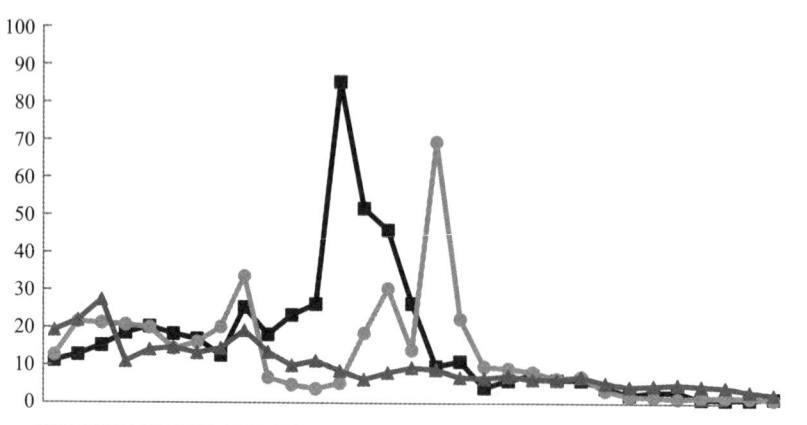

图13　1985—2015年京津冀第一产业资本生产率

注:地区劳动生产率=地区第一产业增加总值/地区第一产业固定资产投资总额。

资料来源:《北京统计年鉴》《天津统计年鉴》《河北经济年鉴》。

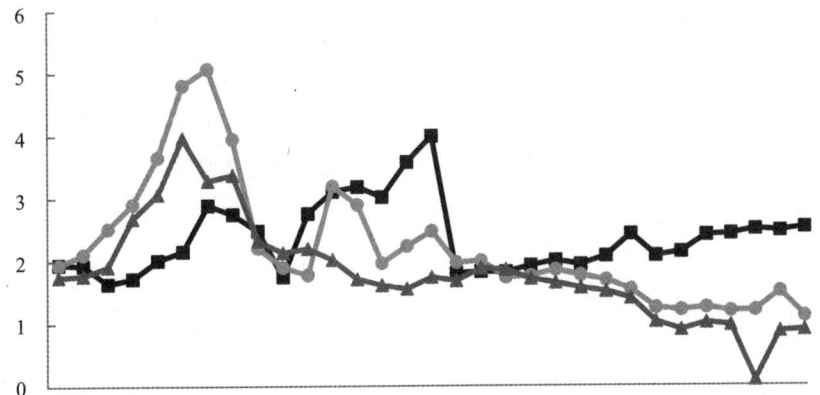

图 14　1985—2015 年京津冀第二产业资本生产率

注：地区劳动生产率 = 地区第二产业增加总值/地区第二产业固定资产投资总额。

资料来源：《北京统计年鉴》《天津统计年鉴》《河北经济年鉴》。

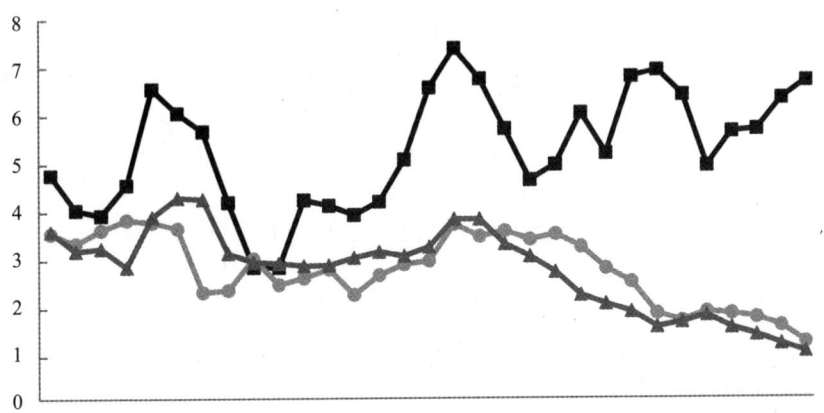

图 15　1985—2015 年京津冀第三产业资本生产率

注：地区劳动生产率 = 地区第三产业增加总值/地区第三产业固定资产投资总额。

资料来源：《北京统计年鉴》《天津统计年鉴》《河北经济年鉴》。

（2）京津冀三地资本相对价格指数比较

第一，如图16所示，只有1992—1994年的相邻地区的相对价格方差高于其平均值，1994—2015年两地的相对价格方差逐渐降低并趋于0，说明京津、京冀、津冀间的资本市场化进程逐渐加快。三组方差的变动趋势基本保持一致，说明京津冀区域内的资本一场化速度与趋势大体保持一致。京津两地的相对价格方差的均值高于津冀两地与京冀两地，这说明津冀、京冀资本市场一体化程度高于京津地区。

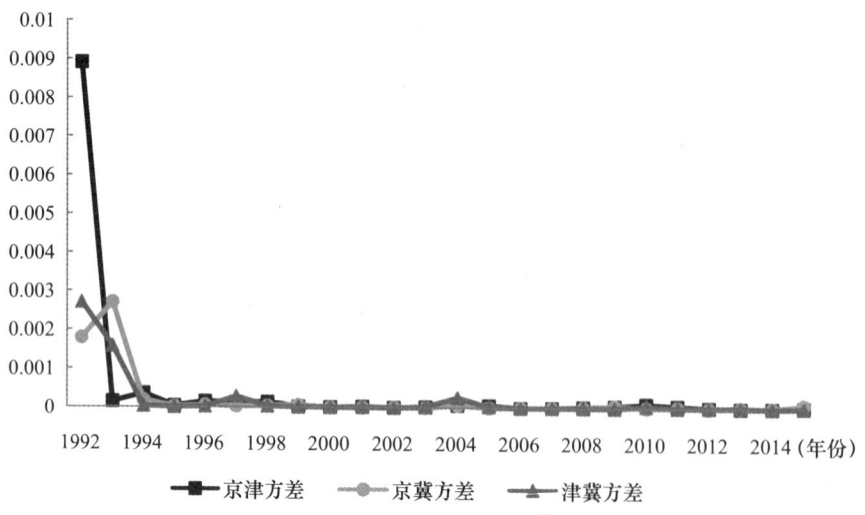

图16　1987—2016年京津冀区域相邻地区相对价格方差趋势

资料来源：《北京统计年鉴》《天津统计年鉴》《河北经济年鉴》。

第二，如图17所示，2001—2015年区域内相对价格方差的均值介于京津、京冀和津冀三组相邻地区相对价格方差的平均值之间。从1994年起，区域内资本的相对价格方差逐渐下降并趋于0，说明区域内资本市场的价格差异较低，资本市场一体化进程加快。

第三，1994—2015年京冀、津冀的相对价格方差与京津冀区域相对价格方差差值的绝对值小于京津，说明京津的相对价格方差对区域整体的相对价格方差的拟合程度最低，京冀、津冀商品市场一体化程度更能代表区域总体水平；1994年后三组相对价格方差与京津冀区域相对价格方差的差值基本为 0，说明三组数据与总体方差的拟合程度较高，京津冀区域资本市场一体化进程步入新阶段。

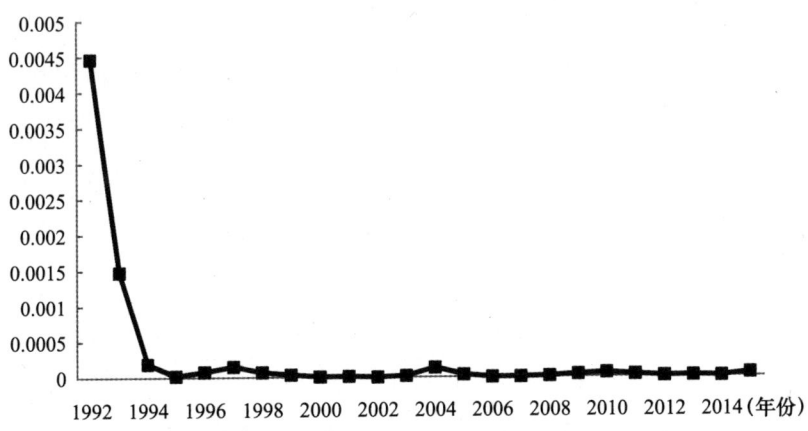

图 17　1992—2015 年京津冀区域相对价格方差趋势

资料来源：《北京统计年鉴》《天津统计年鉴》《河北经济年鉴》。

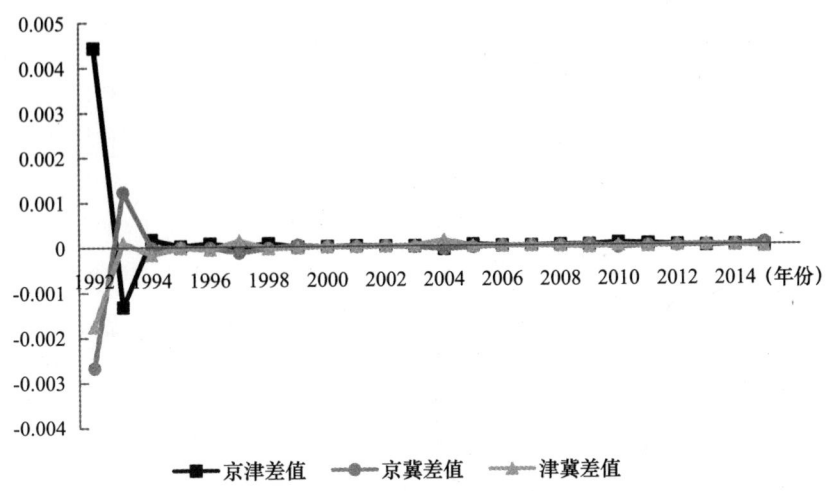

图 18　1992—2015 年京津、京冀、津冀与京津冀区域三组
相对价格方差差值趋势

资料来源：《北京统计年鉴》《天津统计年鉴》《河北经济年鉴》。

四 京津冀对内开放的经济增长效应测度

在商品市场一体化、劳动力市场一体化、资本市场一体化指数的测度基础上，可以将三者加总后求均值得到京津冀区域市场一体化指数。从总体上看，京津冀市场一体化程度不断提高，且总体趋势与劳动力市场一体化趋势保持一致；从具体数值大小来看，京津冀区域内的劳动力价格波动程度高于资本价格与商品价格（见表1、图19）。

表1　　　　　　　　　　京津冀市场一体化指数

年份	商品市场一体化	资本市场一体化	劳动力市场一体化	市场一体化
2001	0.002654909	0.001559301	$1.1501E-05$	0.00140857
2002	0.00189563	0.005404405	$8.84519E-07$	0.00243364
2003	0.001500294	0.124913207	$1.75544E-05$	0.042143685
2004	0.001905628	0.120916179	0.000132162	0.040984656
2005	0.000513068	0.00121526	$3.31224E-05$	0.00058715
2006	0.000266505	0.00144935	$6.46661E-07$	0.000572167
2007	0.000234261	0.001191642	$1.69544E-06$	0.000475866
2008	0.000149364	0.000994081	$1.24516E-05$	0.000385299
2009	0.000330961	0.001470386	$3.74704E-05$	0.000612939
2010	0.001035445	0.000975791	$5.8061E-05$	0.000689765
2011	0.000241645	0.009585521	$3.25359E-05$	0.003286567
2012	0.000356976	0.006993927	$1.09087E-05$	0.002453937
2013	0.000325192	0.003632464	$1.5837E-05$	0.001324497
2014	$8.90073E-05$	0.000717401	$8.67221E-06$	0.000271693
2015	0.000323738	0.000858008	$5.18468E-05$	0.000411198
2016	0.000557458	0.018791795	0.000289077	0.00654611

资料来源：《北京统计年鉴》《天津统计年鉴》《河北经济年鉴》。

京津冀对内开放的协同研究 / 149

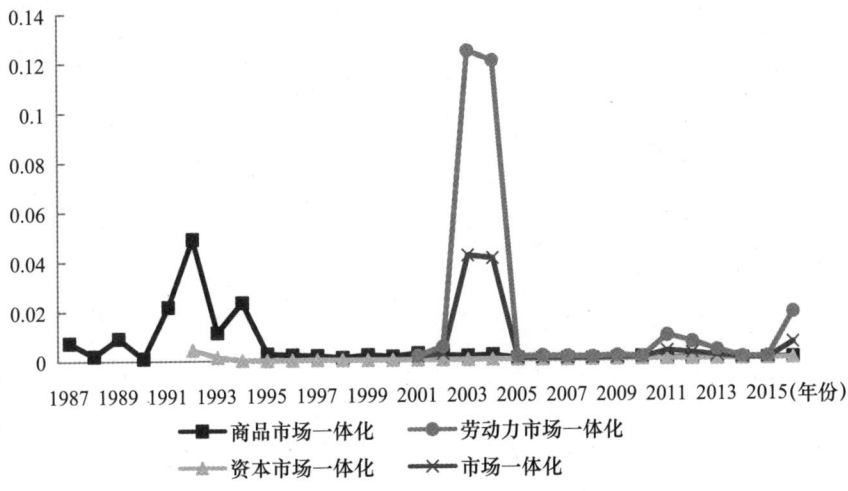

图 19　1987—2015 年京津冀市场一体化指数

资料来源：《北京统计年鉴》《天津统计年鉴》《河北经济年鉴》。

为测度京津冀区域市场一体化的经济效应，在 Barro（2000）的经济增长模型的基础上，设定如下计量模型：

$$\ln gdp_{it} = \beta_0 + \beta_1 MI_{it} + \beta_2 X_{it} + u_i + \lambda_t + \varepsilon_{it} \qquad (2)$$

其中，$\ln gdp_{it}$ 为 i 地区在 t 年人均实际地区生产总值的对数，MI_{it} 为京津冀市场一体化指数，用来表示经济发展水平；X_{it} 为控制变量，包括物质资本存量与人力资本水平，其中物质资本存量采用固定资本形成总额，人力资本水平为人均受教育水平，u_i 是地区的固定效应，λ_t 是时间效应，ε_{it} 是随机扰动项。

表 2　京津冀市场一体化的经济增长效应

	POLS	FE	RE
市场一体化	-4.1969	-3.6329*	-4.1969***
	(0.137)	(0.075)	(0.007)
物质资本水平	0.0002***	0.0001**	0.0001***
	(0.000)	(0.025)	(0.000)

续表

	POLS	FE	RE
人力资本水平	0.4643*** (0.000)	0.2936** (0.019)	0.4643*** (0.000)
地区效应	—	是	是
N	42	42	42
F	41.36	—	—
R^2	0.8059	0.6526	0.8059

注：*、**、***分别表示在1%、5%、10%的水平上显著。

资料来源：《北京统计年鉴》《天津统计年鉴》《河北经济年鉴》。

本文测度的京津冀市场一体化指数实质上是根据商品、要素价格指数而构建的商品市场相对价格方差、劳动力市场相对价格方差及资本市场相对价格方差的平均加总。市场一体化指数越高，三地间商品与要素价格的波动越大，说明市场化一体化程度越低；反之，市场一体化指数越低，三地间商品与要素价格的波动越小，说明市场一体化程度越高。从表2中的估计结果可知，市场一体化程度越高，区域的经济发展水平越高，资本存量、人力资本水平是区域经济增长的重要因素。为保证估计结果的稳健性，分别采用了混合最小二乘法、固定效应模型与随机效应模型对方程进行估计，从表2中的回归结果可知，京津冀市场一体化指数对经济发展的影响系数波动较小，说明市场一体化能促进地区经济发展。

五 结论与建议

本文利用1986—2015年京津冀地区8大类商品价格、在岗职工平均工资、劳动生产率、19个行业平均工资水平、资本生产率、固定资本形成价格等指标，采用离散系数分析法、劳动生产率比较法、资本生产率比较法和相对价格法对京津冀区域商品市场一体化、劳动力市场一体化和资本市场一体化水平进行测度,得出以下结论:京津冀地区商品市场基本实现一体化,但劳动力市场与资本市场存在较大的地区差异和产业差异,且资本市场差异程度大于劳动力市场。

加快京津冀协同发展,需要全面推进京津冀区域对内开放,具体可从以下方面着手:(1)建立京津冀市场价格实时监测系统,减少政府对市场的干预与垄断保护行为,完善市场竞争机制。(2)加快户籍制度改革,逐步分离户籍上附加的医疗、教育、就业、社会保障等资源,实现区域内公共资源共享,推动劳动力在区域内自由流动。(3)建立京津冀区域银行,放松利率管制与信贷限制,促进资本在区域内的跨部门、跨行业流通;积极发展非银行性金融机构,活跃民间资本。(4)适度弱化北京的中心地位,促进津冀联动,缩小京津、京冀的发展差距,推动资本、人才、技术等生产要素向河北流动,加快河北产业升级。

参考文献

[1] 陈红霞、席强敏:《京津冀城市劳动力市场一体化的水平测度与影响因素分析》,《中国软科学》2016年第2期。

[2] 陈红霞、李国平:《1985—2007年京津冀区域市场一体化水平测度与过程分析》,《地理研究》2009年第6期。

[3] 陈甬军、丛子薇:《京津冀市场一体化协同发展:现状评估及发展预测》,《首都经济贸易大学学报》2017年第1期。

[4] 冯怡康、王雅洁:《基于DEA的京津冀区域协同发展动态效度评价》,《河北大学学报》(哲学社会科学版)2016年第2期。

[5] 蓝庆新、关小瑜:《京津冀产业一体化水平测度与发展对策》,《经济与管理》2016年第2期。

[6] 鲁继通:《京津冀区域协同创新能力测度与评价——基于复合系统协同度模型》,《科技管理研究》2015年第24期。

[7] 吕典玮、张琦:《京津地区区域一体化程度分析》,《中国人口·资源与环境》2010年第3期。

[8] 赵慧卿:《中国资本市场一体化测度与利益评估》,《华东经济管理》2012年第5期。

[9] 赵金丽、张学波、宋金平:《京津冀劳动力市场一体化评价及影响因素》,《经济地理》2017年第5期。

[10] 赵娴、杨静:《京津冀流通业协同发展水平测度与协同路径研究》,《经济与管理研究》2017年第12期。

[11] 邬晓霞、贾彤、高见:《京津冀区域商品市场一体化进程的测度与评价:1985—2012》,《兰州商学院学报》2014年第5期。

[12] 张杨、王德起:《基于复合系统协同度的京津冀协同发展定量测度》,《经济与管理研究》2017年第12期。

[13] 周国富、叶亚珂、彭星:《产业的多样化、专业化对京津冀市场一体化的影响》,《城市问题》2016年第4期。

[14] Barro, Robert J., "Inequality and Growth in a Panel of Countries", *Journal of Economic Growth*, 2000, 5 (1): 5 – 32.

[15] Naughton, B., "How Much can Regional Integration do to Unify China's Markets?", *The American Economic Review*, 1999, 86 (5): 1112 – 1125.

[16] Poncet S., "Measuring Chinese Domestic and International Integration", *China Economic Review*, 2003, (14): 1 – 21.

[17] Xu, Xinpeng, "Have the Chinese Provinces Become Integrated under Reform?", *China Economic Review*, 2002, (13): 116 – 33.

[18] McCallum, "National Borders Matter: Canada – US Regional Trade Patterns", *The American Economic Review*, 1995, 85 (3): 615 – 623.

The Synergetic Research on Beijing – Tianjin – Hebei Internal Openness

Abstract: The essence of accelerating Beijing – Tianjin – Hebei internal opening is to realize regional market integration, promote the free flow of various production factors in the region according to market rules, and optimize the allocation, which is of great significance in promoting the coordinated development of Beijing, Tianjin, and Hebei. This paper comprehensively selects eight major commodity prices of Beijing – Tianjin – Hebei from 1986 to 2015, the average wage of employees on 1985 – 2015, average wages of 19 industries, labor productivity, capital productivity, fixed capital formation price, and other indicators. And then, we use the comparison method of labor productivity, capital productivity and relative price to measure the integration of the Beijing – Tianjin – Hebei regional commodity market, labor market integration, and capital market integration. The study finds that in recent years, the degree of market integration in the three cities of Beijing, Tianjin and Hebei has gradually increased, and the degree of integration in the capital market has lagged behind the degree of integration of the commodity market and the degree of integration of the labor market; the degree of market integration within the region is different, the degree of market integration is lower than that of Jingjin and Tianjin.

Keywords: Jing – Jin – Ji; Open to the inside; Market Integration; Collaborative development